ÉLOGE DE LA FRAGILITÉ

« Espaces libres »

GABRIEL RINGLET

ÉLOGE DE LA FRAGILITÉ

Albin Michel

Albin Michel
▪ Spiritualités ▪

Collection « Espaces libres »
dirigée par Jean Mouttapa et Marc de Smedt

Dieu est encore le Pauvre qui va sans bruit dans l'herbe du monde.

Jean Sulivan

Ne parle pas trop. Quand on a reçu le vent, cela se voit sur le visage.

Lucien Guissard

INVITATION

Ton nom est femme, fragilité

Le vieux rabbin Nahman tentait de faire comprendre à ses élèves quand viendrait le moment de prendre la plume pour écrire, d'ouvrir la bouche pour parler. Leur affection était grande pour ce maître enjoué et regardé par beaucoup comme un saint. Mais un jour, ils tombèrent à ses pieds :

« Rabbi bien-aimé, lui dirent-ils sur un ton de reproche, pourquoi ne parles-tu pas aussi comme le rabbin Zadik, pourquoi n'alignes-tu pas de grandes idées, ne bâtis-tu pas de grandes théories pour que les hommes t'écoutent ravis, bouche bée ? Tu ne parles qu'avec des mots tout simples, comme les vieilles grands-mères, et tu racontes des histoires. »

Le rabbin candide sourit, il resta un bon moment sans répondre, puis se mit à parler :

« Un jour, dit-il, les orties demandèrent au rosier : "Sire rosier, ne veux-tu pas nous apprendre à nous aussi ton secret ? Comment t'y prends-tu pour faire la rose ?" Et le rosier répondit : "Mon secret est tout simple, mes sœurs les orties. Tout l'hiver, avec patience, confiance et amour, je travaille la terre, et je n'ai qu'une chose à l'esprit, la rose. Les pluies me fouettent, les vents m'effeuillent, les neiges m'étouffent, mais je n'ai qu'une chose à l'esprit, la rose. Voilà mon secret, mes sœurs les orties."

— Maître, dirent les élèves, nous n'avons pas compris. »

Le rabbin se mit à rire :

« Moi non plus, dit-il, je n'ai pas tout à fait compris.

— Mais alors, Maître ?

— Il me semble que je voulais dire, en gros, ceci : quand j'ai une idée, je la travaille longtemps sans parler, avec patience, confiance et amour. Et quand j'ouvre la bouche, quel mystère mes enfants ! quand j'ouvre la bouche, l'idée sort sous la forme d'une légende. »

Il rit encore :

« Nous autres hommes, nous appelons cela une légende ; le rosier l'appelle rose [1]. »

La rose que je souhaite vous offrir ici s'appelle fragilité. Moi aussi, je l'ai travaillée longtemps sans parler, « avec patience, confiance et amour ». Et quand il y a quatorze ans, j'ai ouvert la bouche... la première édition d'*Éloge de la fragilité* est sortie « sous la forme d'une légende ». Enfin, ce que nous appelons une légende. Une histoire si vous préférez.

---

1. D'après Nikos Kazantzakis dans sa *Lettre au Gréco*, Plon, 1961 ; Pocket, 2000.

Une histoire dont je ne mesurais pas qu'elle allait engendrer une telle connivence, appeler pareil courrier, encourager tant de confidences, de questions, de discussions.

Très vite, j'ai perçu que le mot fragilité lui-même divisait et peut-être même provoquait. Là où les uns se sentaient reconnus, encouragés, je dirais même apaisés, d'autres au contraire résistaient, protestaient. Reconnaissons que les dictionnaires se trouvent de leur côté. Fragilité (lat. *fragilitas*, XIIe s.), n.f. Disposition à être brisé facilement. *Fragilité du verre, de la porcelaine*. Facilité à être altéré, détérioré, détruit. Manque de solidité. Faiblesse contre les tentations précise le Littré et même : facilité à pécher. Voir aussi *débilité, délicatesse, inconsistance, instabilité, précarité*... « Fragilité, ton nom est femme », aurait dit Shakespeare... Pas facile, dans ces conditions-là, d'expliquer que la fragilité est une chance, qu'elle invite à la résistance et que pour « réussir » dans la vie, il est bon de baisser sa garde. À ce propos, une confidence de Paul Ricœur m'accompagne depuis des années. Dans une interview accordée à l'éphémère *Sens-Magazine*, le philosophe raconte que lors d'une soutenance de thèse, à Paris, un enseignant lui a confié : « Voilà plus de trente ans que je désire vous parler. C'est moi qui vous ai frappé en mai 1968 et qui vous ai jeté une poubelle sur la tête. Je vous prie de m'en excuser. » Par-delà cette démarche qui, de son propre aveu, l'a profondément remué, la question est de savoir comment cet enseignant passionné a réussi à traverser le demi-siècle écoulé en aidant plus que personne à penser cette époque bouleversante et bouleversée ? Une jeune journaliste lui a posé la question : « Avez-vous un secret ? Y a-t-il un code pour entrer chez vous ? » La réponse du vieux maître fut toute simple : « Oui. Je ne suis pas protégé. »

S'agissant de l'homme, passe encore, mais Dieu ? Son secret à lui aussi serait-il de n'être pas protégé ? « Je suis prêt à vous suivre sur beaucoup de points, me disait un auditeur attentif à la fin d'une conférence, mais la fragilité de Dieu, non ! Mais la faiblesse de Dieu, pas question ! Ou alors, Dieu n'est plus vraiment Dieu. » Des amis athées témoignaient du même malaise quand ils avouaient n'être pas très réceptifs à l'« humanisation de Dieu ». À leurs yeux, c'est l'idée même d'Incarnation qui pose problème. Si, en plus, la fragilité s'en mêle !

Pour qu'il n'y ait pas maldonne et que la fragilité de Dieu ne vienne surtout pas se mirer dans les eaux troubles du dolorisme ou de la mièvrerie, je souhaite évoquer ici le beau témoignage du théologien allemand Dietrich Bonhoeffer, pendu en 1945 dans le camp de Sachsenhausen, et qui écrivait dans une de ses *Lettres de prison* datée du 30 avril 1944 : « J'aimerais parler de Dieu, non aux limites mais au centre, non dans la faiblesse, mais dans la force, non à propos de la mort et de la faute, mais dans la vie et la bonté de l'homme. Près des limites, il semble préférable de se taire et de laisser irrésolu ce qui est sans solution (...). L'Église, dit-il encore un peu plus loin, ne se trouve pas là où le pouvoir humain s'arrête, non à la limite, mais au milieu du village. »

Ainsi, la fragilité de Dieu ne vient pas se loger dans les lacunes de notre connaissance. Elle n'a pas peur de l'interrogation, du tâtonnement, de la recherche. Elle n'a pas besoin de noircir le monde pour justifier sa présence ni de fuir la complexité pour sauver son intégrité.

Elle est renversement, la fragilité. Elle est Magnificat. Elle se souvient de sa bonté et l'étend de générations en générations. Elle est Béatitude. Elle met en marche. Les humiliés, les endeuillés, les humbles, les miséricordieux, les faiseurs de paix en savent quelque chose. Elle est Naissance. Elle attend, elle grossit, elle accouche : « Voici que je vous annonce une grande joie. » Elle s'inquiète, elle supplie, elle écoute, elle touche, elle parfume, elle ensevelit, elle reconnaît, elle annonce : « J'ai vu le Seigneur, et voici ce qu'il m'a dit. » Alors, oui, ton nom est femme, fragilité.

Le jeune rabbi Jésus tentait de faire comprendre à ses disciples quand viendrait le moment d'ouvrir la bouche pour parler. Leur affection était grande pour ce maître enjoué et regardé par beaucoup comme un prophète. Mais un jour, ils tombèrent à ses pieds :

« Rabbi bien-aimé, lui dirent-ils sur un ton de reproche, pourquoi n'alignes-tu pas de grandes idées, ne bâtis-tu pas de grandes théories ? »

Et Judas d'ajouter, comme dans le téléfilm de Serge Moati :

« Pourquoi ne prends-tu pas le pouvoir ? Israël veut un roi. Tu es celui que nous attendons. Soulève le peuple, Jésus. Jean-Baptiste t'a confié une mission. Commande et nous t'obéirons. »

Jésus, après un long moment de silence, se met à leur raconter une histoire[1] :

« Un jour, dit-il, un roi de très méchante humeur appelle ses conseillers :

"Montrez-moi Dieu. Je veux voir Dieu. Si vous n'exécutez pas cet ordre, je vous infligerai à chacun une très lourde peine."

Panique au palais lorsque voilà que se présente un berger :

"Je viens exaucer ton vœu, dit le berger en s'adressant au roi. Regarde le soleil bien en face.

— Insensé, lui répond le roi ! Tu veux que je devienne aveugle. Tu sais bien que le soleil brûle les yeux quand on le regarde en face.

— Avec tes pauvres yeux, tu voudrais voir Dieu, réplique le berger, alors que tu n'es même pas capable de contempler une de ses œuvres ?"

Cette réponse plut au roi qui trouvait le berger particulièrement sage. Du coup, il s'apaisa et lui demanda encore :

"Mais, dis-moi, que fait Dieu ? Quel est son secret ?"

Le berger lui répondit :

"Ô roi, si tu veux bien, nous allons échanger nos vêtements pour un bref moment."

---

1. Librement inspirée de Tolstoï.

Mis en confiance, le roi s'exécute, donne ses beaux habits au berger et endosse les siens.

“Tu vois, dit le berger, voilà ce que Dieu fait...” »

« Maître, disent les disciples, nous n'avons pas compris. »

Jésus, « le Dieu qui riait », se mit à rire :

« Moi non plus, dit-il, je n'ai pas tout à fait compris.

— Mais alors, Maître ?

— Il me semble que je voulais dire, en gros, ceci : quand Dieu a une idée, il la travaille longtemps sans parler, avec patience, confiance et amour. Et quand il revêt l'habit du berger, quel mystère mes enfants ! quand il revêt l'habit du berger, l'idée sort sous la forme d'une parabole. »

Il rit encore :

« Nous autres hommes, nous appelons cela une parabole ; Dieu l'appelle Incarnation. Je crois même qu'il parle de fragilité. »

OUVERTURE

Le moutardier du pape

Jean XXII qui fut pape en Avignon au XIVe siècle était, paraît-il, grand amateur de moutarde. C'est pourquoi il aurait créé pour son neveu la charge de grand moutardier. D'où l'expression : « se croire le premier moutardier du pape »...

Je ne garantis pas l'appellation d'origine de cette locution. Par contre, je puis certifier que, dans l'Évangile, la moutarde apparaît deux fois. Cette plante très ordinaire en Palestine – on l'appelle aussi sénevé – pouvait atteindre jusqu'à trois mètres de hauteur et même quatre près du lac de Génésareth.

Broyées avec du moût et du vinaigre pour fabriquer le condiment que nous connaissons, les graines de moutarde étaient si minuscules qu'elles désignaient proverbialement ce qui est très petit. D'où la parabole du Royaume des cieux comparable à un grain de moutarde qu'un homme plante dans son jardin. Et, un peu plus loin, ce fifrelin de foi – « comme une graine de moutarde » – qui suffit à déraciner de grands arbres.

Il faut préciser que Jésus répond à ses disciples

qui, juste avant, lui avaient demandé : « Seigneur, augmente en nous la foi ! »

« La foi, leur dit-il, si vous en aviez gros comme une graine de moutarde… » Une graine. Pas plus. Et encore : une toute petite. Une « de moutarde ». Vous pourriez déraciner de grands arbres d'injustice, renverser des montagnes de préjugés, devenir bûcherons de l'impossible.

Un arbre dans la mer

Je songe à l'actualité. Au moment où j'écris, des tortionnaires mafieux tiennent l'Irak et le monde en otage tandis qu'à Beslan, en Ossétie du Nord, à côté de la Tchétchénie, d'autres mafias obscènes massacrent l'innocence avec une perversité qu'il n'est plus possible de nommer. Ainsi, des arbres immenses de nos tragiques actualités quotidiennes ne cessent de grandir, que « les puissants de ce monde » ne paraissent pas capables de déraciner. Mais je vois aussi que la mort n'arrête pas le chemin d'une vraie et difficile amitié judéo-musulmane autour du curé de Nazareth et qu'en Belgique, pour la première fois au monde, une femme donne naissance à un enfant après avoir subi de lourds traitements anticancéreux.

« Regardez, chante Mannick avec les mots de Didier Rimaud, il ne faudrait qu'un brin de foi, et vous verriez les arbres dans la mer, les bourreaux sans travail, les menottes rouillées, les fusils enterrés, les armées au rebut. » C'est de la poésie, bien entendu ! Car, à Bagdad, les bourreaux ne sont pas au chômage, ni à Grozny les fusils au cimetière... Je crois pourtant, et de plus en plus, que la poésie a affaire avec la politique et que l'Évangile est un immense poème qui vient relativiser nos mesures et se rire de nos quantités.

Sans le grain de moutarde qui renverse les montagnes, sans le grain de sable qui enraye les machines, sans le grain de sel qui ravive l'aventure, l'horizon ne serait-il pas encore plus bouché ?

Le goût des framboises

Ce livre désire rendre hommage à tous ces grains-là.

Au grain de moutarde, la plus petite de toutes les graines, parce que la foi qui soulève les montagnes grandit dans le secret, comme le levain qu'une femme enfouit dans trois mesures de farine.

Au grain de sable, la plus banale de toutes les poussières, parce que l'espérance qui ouvre l'avenir se trace dans le secret, comme le pardon que Jésus dessinait sur le sol.

Au grain de sel, la plus commune de toutes les saveurs, parce que la charité donne goût dans le secret, comme fit un voyageur qui versa de l'huile et du vin sur les plaies d'un inconnu, entre Jérusalem et Jéricho.

Oui, ce livre veut chanter la blessure de l'Évangile et celle de l'actualité. La blessure, la brûlure, la brisure, la craquelure, la cassure, la fissure, la fracture...

Il veut dire la brèche et la faille et parler des mailles du filet.

Il veut faire l'éloge de la fragilité.

Il veut donner le goût des sources. « Les sources naissent des pierres, dit Jean-Claude Renard. Elles ont, dans l'herbe, le goût des framboises. »

Il veut donner l'envie d'une caresse.

Il s'agit donc bien d'un livre à fleur de peau, à fleur de cœur, à fleur d'Évangile.

Un livre à fleur de Dieu, où il est question d'un frémissement, d'un toucher tout léger. Dieu du bout des lèvres. Dieu sans bruit dans l'herbe du monde.

Itinéraires

Puisque ce livre est ouvert, plein d'herbe et plein de grains, on peut donc y entrer comme dans un moulin : au gré de son humeur ou de sa fantaisie, au hasard d'une rencontre avec quelques filles un peu tête en l'air, un roi pensionné, un évêque en retraite, un champion cycliste et même un diable hors de son bénitier. Car chaque histoire, très courte, se suffit à elle-même.

Mais cela n'interdit pas à ceux qui préfèrent un itinéraire un peu balisé de suivre le parcours prévu : il propose de conjuguer au temps liturgique quelques mots de l'Évangile qui habitent également les chemins de l'actualité.

Voici d'abord le temps de la promesse qui est aussi, souvent, celui de la naissance. Le temps de

Marie et le temps de Noël, Marie-Noëlle, la boulangère de Dieu. Car il s'agit bien de pétrir, de faire lever, d'enfanter. Souvent dans le secret. Celui d'une crèche ou celui d'une prison. (Chapitre I)

Arrive en second le temps de la séduction. De la tentation. De la vocation. Du rejet et de l'expulsion. Le temps du démon, du désert, du désir. Le temps de la mer. Parce que la mer appelle, comme le désert. Parce qu'elle nourrit. Parce qu'elle séduit. Il est déjà temps de jeter ses filets. Et d'y renoncer. (Chapitre II)

Vient alors le temps « ordinaire ».

Le temps où tout est compté. Très juste. Où tout est si petit, si étroit, si léger, si caché, si mesuré. C'est le manque. La disette. La pénurie. Et pourtant, du moins va naître le plus, d'un village perdu, une religion universelle, d'une semence une forêt et d'un ver de terre une troupe d'anges. (Chapitre III)

Le temps, au contraire, où plus rien ne compte, parce que l'amour devient fou, l'abondance une grâce et le gaspillage une vertu quand la démesure du pardon conduit à une démesure d'affection. (Chapitre IV)

Mais le temps ordinaire, c'est aussi le temps des affaires. Le temps des marchands, des banquiers et des financiers. Car, contrairement aux idées reçues, l'Évangile n'ignore pas le monde de l'économie et il ne parle pas que des gagne-petit. Il lui arrive aussi d'évoquer les gros. Les gros sous, les gros risques, les placements, le marché, la rentabilité. (Chapitre V)

La brûlure d'une absence

Entrer dans le temps de la Passion, ce n'est pas quitter la vie de tous les jours mais entrer en lutte. Contre la fatalité, contre la maladie, la souffrance, la mort. Quand le temps hurle et quand le sang coule « dis seulement une parole », tends seulement une main, touche seulement mes yeux, mes oreilles, ma peau... « et je serai guéri ». Mais ne ferme pas tout à fait ma blessure. (Chapitre VI)

Le temps de la traversée traverse l'Évangile de part en part. Combien de fois Jésus n'a-t-il pas traversé le lac, le pays, la religion, les oppositions ? Mais vient un moment où le passage se fait plus étroit, où l'étau se resserre, où le piège se referme. Et un autre moment où la pierre se brise et où le tombeau se vide. Et si la fosse est vide, alors, dit Charles Singer, « l'absurde est enterré, la peur est cloîtrée, le mur devient passage. Alors de la fin part le commencement, de la mort la vie, du fragile sort l'éternité. » (Chapitre VII)

Le dernier temps, celui d'après la Résurrection, celui des Apparitions, de l'Ascension, de la Pentecôte, ce temps-là est peut-être le plus secret, le plus difficile, le plus fragile. À l'heure du doute, il dit la brûlure d'une absence. À l'heure du souffle, il dit la surprise d'une ivresse. À l'heure du bruit, il dit la chance d'un silence. (Chapitre VIII)

Petite musique

La proposition de rejoindre le Dieu sans bruit était adressée, en « ouverture » par un moutardier. C'est un ange qui accompagnera la « finale ». Mais attention, pas n'importe quel ange, non : l'ange de la piscine. Cinq femmes (au moins !) vont croiser son chemin et accueillir avec lui la grâce de l'actualité. Une actualité parfois enjôleuse, certes, mais blessée surtout, rouge de grâce, et tellement fragile. Tant d'événements la bousculent, cette « fille d'une nuit » (Jonas 4, 11), si proche, souvent, de l'Évangile. Entendrons-nous la petite musique qui l'accompagne ?

Cette « finale » voudrait partir à la recherche de cette musique-là. Plonger dans la piscine de l'actualité. Faire chanter les béatitudes au son des événements. Rencontrer « l'homme précaire » dont parlait Malraux et qui apparaît parfois dans l'Évangile comme à la télévision. « Pas de nostalgie, les amis, prévient Sulivan. Dans précaire il y a prière. » Et un peu plus loin : « Peu nous chaut que nos œuvres survivent, mais nous savons une chose c'est que la petite musique qui nous fait vivre et nous tue est immortelle et qu'aujourd'hui même des vivants tout neufs, croyants ou non, prennent le relais pour témoigner, dans les prisons ou en liberté, du presque rien qui traverse l'histoire[1]. »

---

1. Jean Sulivan, *La Traversée des illusions*, Paris, Gallimard, 1977, p. 190.

Tant mieux si le lecteur s'enchante de ce presque rien, de cette petite musique, de cette graine de moutarde plantée dans les jardins de l'Évangile et ceux de l'actualité.

Comme Jean Duval, « je ne crois plus qu'aux vérités qui murmurent à voix aussi basse que la première lueur du jour ».

Quelques-uns des textes qui suivent sont inédits. La plupart ont paru, au fil des temps, dans le magazine *L'Appel*, l'hebdomadaire *Témoignage chrétien* ou les quotidiens *La Croix* et *La Wallonie*. Ils ont été parfois un rien retouchés. Mais leur sélection et leur regroupement en fonction des différents « éloges » les inscrivent dans une perspective nouvelle et leur donnent peut-être – qui sait ? – la chance d'une autre vie. En tout cas, nous avons voulu leur garder leur « fraîcheur journalistique » de départ... Il y a tant de connivences entre le récit journalistique et le récit évangélique.

Par-delà chacune des 64 histoires proposées, les tables ont été conçues pour que le lecteur puisse repérer les textes bibliques et les dimanches de la liturgie.

Il me reste à dire merci à toutes celles et à tous ceux qui habitent ces chapitres et, surtout, accompagnent mon propre chemin. Ils y retrouveront peut-être, au détour d'une page, une idée, une odeur, un son que nous avons partagé. Le parfum de ce « Dieu sans bruit » qu'ensemble nous avons célébré.

I.

Comme un verger en fleurs

ÉLOGE DE LA PROMESSE

Je t'aime
grosse d'espérance
toi dont le ventre est rond
comme un fruit mûr.
Douce comme un soir d'automne,
Riche comme une moisson,
Pleine comme un grain de blé
Ronde comme un verger en fleurs.

Poème de Jean-Pierre à Odile
pendant qu'ils attendaient Raïssa,
Naissances en fête.

1.

« Bonjour... Chérie depuis toujours ! »

> *« Bonjour... Chérie depuis toujours !*
> *Le Seigneur est avec toi... »*
> *À ces mots, Marie est sens dessus des-sous et se demande d'où peut venir cette marque d'amitié.*
>
> Luc 1, 28-29

Lui, Gérard, est catholique. Peut-être le connaissez-vous puisqu'il a signé, en son temps, avec Françoise Dolto, *L'Évangile au risque de la psychanalyse.*

Elle, Marie, orthodoxe, connaît particulièrement bien le grec, sa langue maternelle. Écrivain, on lui doit notamment *Regards sur l'orthodoxie.*

Si je vous les présente ici, au début de ce livre, c'est parce qu'ils forment, ensemble, « le premier couple à traduire les Évangiles », comme disait la publicité ! Et quelle traduction ! Nous y ferons régulièrement référence dans cet ouvrage.

Franchement, je n'imaginais pas que cette version des Évangiles allait me surprendre et m'emballer à ce point, un peu comme la Bible de Chouraqui, il y a quelques années. Parce que je vous assure que les quatre Évangiles revisités par Gérard et Marie Sévérin, ça vaut le déplacement.

Le Christ en direct

Pendant sept ans, ils vont se battre avec ces textes que nous lisons si souvent « en différé », comme si l'histoire avait été enregistrée hier. Eux nous proposent *Le Christ en direct*[1], l'Évangile au présent. N'allez pas croire qu'il s'agit d'une fantaisie pour « faire moderne », prévient Gérard Bessière dans la préface. Pas du tout. La traduction est rigoureuse. Mais les auteurs savent à quel point traduire, c'est recréer. Et Dieu sait si leur recréation réveille, avec les verbes au présent et les titres – parfois très journalistiques – en bas de page afin de ne pas trop orienter le lecteur au départ.

Nous voici donc devant une parole nue, jeune, sans notes et sans références, qui tente de prendre distance à l'égard des traductions trop « ecclésiastiques », des mots trop techniques ou théologiques comme « enfer », « tentation » et même « résurrection ». Du coup, la résurrection devient « le réveil », l'enfer « la vallée de la torture », Satan « le tourmenteur », Jean-Baptiste « le passeur du désert » et les

1. *Le Christ en direct, Les quatre Évangiles*, Éd. Ouvrières, Paris, 1987.

pharisiens « des comédiens », « des rapaces » ou « des familles en deuil ». Au choix !

Sacré Gabriel !

Pour Gérard Sévérin, Jésus est un véritable Méditerranéen, parfois colérique, outrancier, insaisissable. Ainsi, devant le cadavre de son ami Lazare, il ne « frémit pas intérieurement », il « grommelle ». Quant au pain de la dernière cène, il ne le rompt pas, « il le casse, il le leur donne, et il dit : « Prenez ! Mangez ! C'est mon corps. » Et le vin : « Buvez-en... Tous ! » Simple question de ponctuation...

Plus inattendu encore, le récit de l'Annonciation où l'ange Gabriel montre autant d'audace que sous la plume du chanteur wallon Julos Beaucarne ! Comment traduire « Je vous salue, Marie » ? « On a cherché longtemps, explique Marie Sévérin, il nous est même arrivé de nous lever en pleine nuit pour noter un mot, une expression. » Un soir, eurêka : « Bonjour... Chérie depuis toujours ! »

Sacré Gabriel ! Étonnez-vous qu'après ça Marie se sente « sens dessus dessous »...

2.

Le p'tit roux aux beaux yeux

« Le Seigneur te fait savoir qu'il te fera lui-même une maison. »

2 Samuel 7, 11

« N'aie pas peur, Marie !
Tu as trouvé Dieu pour te chérir.
Voici : dans ton ventre, tu concevras et enfanteras un fils.
Tu l'appelleras du nom de Jésus. Il sera grand.
On l'appellera « Fils du Dieu Sublime ».
Le Seigneur Dieu lui donnera le trône de David, son père. »

Luc 1, 30-32

« Le roi David était enfin installé dans sa maison », raconte le second livre de Samuel qui ajoute : « Le Seigneur lui avait accordé des jours tranquilles en le délivrant de tous ses ennemis. » Bref, le vieux roi baroudeur peut enfin prendre sa retraite ! Ne riez pas : ils étaient nombreux à l'époque, les petits rois pas très riches qui terminaient seulement leur maison en fin de carrière. Ça arrive ces choses-là...

Heureux, David ? Pas tout à fait. « Regarde, dit-il au prophète Nathan, j'habite dans une maison de cèdre, et l'arche de Dieu habite sous la tente ! » Bon chrétien et paroissien généreux, une fois sa maison terminée, il songe donc à loger Dieu...

Fier, ton papa !

Décidément, Nathan ne va pas beaucoup dormir cette nuit-là car, après David, c'est le Seigneur lui-même qui l'appelle et lui confie un message pour le roi. Une réponse en quelque sorte :

« Rappelle-toi, David, dit Dieu, c'est moi qui t'ai pris au pâturage, derrière le troupeau. Tu sais, le jour où mon prophète Samuel est venu chez toi, à Bethléem, pour choisir un roi. Fier qu'il était ton papa ! Et quel empressement pour présenter ses sept fils, à commencer par les aînés. Mais je ne voulais aucun de ceux-là, tu le sais. »

« En est-ce fini de tes garçons ? demande alors Samuel à ton père.

— Non, dit Jessé. Il reste encore le plus jeune : David. »

« Il n'y avait pas pensé ! Imagine donc : le tout petit ! Celui qui courait derrière les chèvres... Tu étais roux et tu avais de beaux yeux. Une belle tournure aussi. Mais j'ai surtout regardé ton cœur...

David ! Je vais te faire moi-même une maison. Pas une maison de cèdre. C'est un bois un peu trop prétentieux. Même pas une maison de toile, non. Une maison de chair et de sang : le corps d'une toute jeune femme... »

N'aie pas peur

« N'aie pas peur, Marie ! Voici : dans ton ventre, tu concevras et enfanteras un fils... Le Seigneur Dieu lui donnera le trône de David son père. »

Un peu troublée, bien sûr, par cette surprenante nouvelle, « Marie baisse les yeux », dit Pierre Emmanuel, « croise les mains un peu, puis reprend son ouvrage. »

Marie-Silence de Galilée,
  « une petite fille de la campagne ». (Max Jacob)
Marie-Tendresse de Bethléem,
  « une petite fille plus jeune que le péché ». (Georges Bernanos)
Marie-Chaleur de Nazareth,
  « la femme d'avant le froid, la femme des laines neuves ». (Jean-Claude Renard)
Marie-Chemin,
  qui fait avancer Dieu.

Marie-Frontière,
qui fait traverser Dieu.
Marie-Maison
dont la porte se fend pour laisser passer Dieu, pour mettre au monde un garçon « au beau regard et de belle tournure ».

« N'aie pas peur, David ! Voici que Dieu va te faire lui-même une maison. Regarde. La paille est déjà là. La mangeoire aussi. Et le bœuf et l'ânon, pour le chauffage. Et les bergers – tu te souviens ? – pour donner un coup de main. Et les clous, et les bois, et la couronne. Même ton trône est là, pour le petit, dans un coin de l'étable. »

3.

La danse des cousines

En ces jours-là, Marie se lève et s'empresse de partir dans le haut du pays pour une ville de Judée...
Elle entre dans la maison de Zacharie et salue Élisabeth.
Et qu'arrive-t-il quand Élisabeth entend le bonjour de Marie ?
Le bébé qu'elle porte se met à tressauter dans son ventre.

Luc 1, 39-41

Je la vois d'ici, Marie, empressée de partir dans le haut du pays.

Je la vois danser, légère, sur la route. « Elle pesait peu, n'étant occupée que de l'avenir en elle. » (Jules Supervielle)

Peut-être qu'elle riait en croisant d'autres femmes enceintes ou en regardant le jeu des enfants ; qu'elle souriait aussi, à l'intérieur, tendrement, en pensant à l'extraordinaire aventure de sa vieille cousine !

Peut-être qu'elle s'arrêtait quand même, de temps en temps, pour écouter son corps qui lui faisait signe dans le silence.

Étonnant chemin que celui-là, de la plus jeune vers la plus ancienne, d'une fille « sans passé » vers une femme « sans avenir », de l'Annonciation vers la Visitation.

Pour se rendre de Nazareth vers la ville de Judée où habitent ses cousins – serait-ce l'actuelle Aïn Karim, la source généreuse ? –, Marie a dû passer par Béthel, sur la route de Zichem, à dix-sept kilomètres au nord de Jérusalem.

Béthel, un des lieux de campement d'Abraham et de Jacob, la ville des patriarches, dont le nom veut dire en hébreu « Maison de Dieu » : Beth-El. Or, Élisabeth, c'est exactement Beth-El renversé : la maison de Dieu à l'envers ! Pas étonnant alors que dans une famille où la petite fille s'appelait Élisabeth, on l'ait surnommée « Maisonnette » : la petite maison de Dieu à l'envers...

Ça y est. Dieu s'est souvenu !

Question renversement, un qui n'en est pas encore revenu dans toute cette histoire, c'est bien le vieux Zacharie. Son nom à lui aussi représente tout un programme : « Dieu se souvient ». Qui aurait pu imaginer...

Il était donc de garde au Temple ce jour-là. La routine autrement dit, puisqu'il fait partie d'une des vingt-quatre équipes de prêtres qui se relaient chaque semaine pour assurer le culte divin. Or voilà que le sort le désigne pour offrir l'encens à l'intérieur du sanctuaire. N'est-ce pas le moment que choisit Gabriel pour lui dire que ça y est, Dieu s'est souvenu, sa prière a été exaucée : « Ta femme Élisabeth t'enfantera un fils et tu lui donneras le nom de Jean. » KO, Zacharie ! Mettez-vous à sa place... Bien sûr qu'il priait pour avoir un fils dans sa vieillesse. Mais de là à penser que Dieu prendrait sa demande au sérieux. Aussi voudrait-il un signe, Zacharie, une toute petite preuve. Vous savez, avec les anges... « Hé bien ! tu l'auras ta preuve, lui dit Gabriel, tu vas être réduit au silence et tu ne pourras plus parler jusqu'au jour où cela se réalisera. »

« Tu les trouves jolies ? »

Je ne suis pas certain que Marie a vu son vieux cousin qui, de loin, la regarde, songeur, arriver vers le haut du pays en dansant. Elle est tellement pressée de raconter son annonciation à Élisabeth.

Au fait, l'a-t-elle vraiment appelée Élisabeth ? Pourquoi ne pas imaginer comme Maurice Deleforge que Marie, sans bruit, a rejoint sa cousine dans la prairie, occupée à tendre le linge. Elle lui aurait dit alors : « Coucou ! Bonjour Babeth », tout en accrochant entre deux grands draps l'espiègle paire de minuscules chaussettes vertes et bleues qu'elle avait achetées à Cana en allant à des noces. « Tu les trouves jolies ? » Élisabeth dit que ma foi, oui, quoique de son temps[1]...

Quelle rencontre étonnante que celle-là, entre Élisabeth, « la stérile », qui n'a pas ri comme Sara de se voir grosse en sa vieillesse, et Marie « qui ne connaît point d'homme » mais proclame toute joyeuse, la bonne nouvelle qui l'habite.

Au moment où Marie salue Élisabeth, Jean se met à danser dans le ventre de sa mère, à « tressauter dans son ventre », dit l'Évangile, comme si l'Annonciateur avait déjà reconnu le Sauveur. Jésus éveille Jean à sa vocation de prophète comme Jean, plus tard, éveillera Jésus à sa propre mission. Merveilleux dialogue, avant l'heure, entre les cousins de l'Avent ; sauts de joie entre le passé et l'avenir : la danse des deux testaments.

« Tu es bénie entre toutes les femmes ! » s'écrie alors Élisabeth dans son enthousiasme. Marie lui répond avec la même force : « Mon âme exalte le Seigneur »... Mais je suis sûr qu'elle le danse, son Magnificat, plus encore qu'elle ne le proclame, et j'ai plaisir à imaginer que Jésus, « le Seigneur de la danse », fut porté aussi joyeusement !

---

1. Maurice Deleforge, *Vers la vérité tout entière*, Paris, Cana, 1984.

4.

Le berger oublié

En ces jours-là, parut un édit de l'empereur Auguste, ordonnant de recenser toute la terre.

Ce premier recensement eut lieu lorsque Quirinus était gouverneur de Syrie.

Luc 2, 1-2

Deux faits divers. Deux événements dérisoires. Deux mille ans entre une étable et une prison.

Sans mobile apparent

Comme chaque jour, il s'était rendu au commissariat. Depuis les récents attentats, il se trouvait en résidence surveillée et devait expliquer à la police ses moindres faits et gestes. Il était question de ne pas renouveler le visa. Au retour, son regard s'arrêta quelques secondes sur ce mur qu'il ne voyait même plus à force de le croiser et où l'on devinait encore les lettres rouges d'une inscription à la bombe, un peu délavée : « Arrêtez le monde, je veux descendre. »

Il entra dans une boulangerie. Depuis que Chantal l'avait quitté, il n'avait pas le courage de cuisiner pour lui tout seul. Chantal... Son grand espoir d'un peu s'intégrer, de briser le cercle vicieux. Elle était partie. Par sa faute à lui. Pourquoi frapper une femme que l'on aime par-dessus tout ? Il avait bu. Quelle connerie.

Depuis son départ, il se sentait comme aspiré par un tourbillon. La machine infernale s'était remise en route et, avec elle, le film des événements tournait et retournait sans cesse dans sa mémoire : la fuite du pays, l'impossibilité d'obtenir le statut de réfugié, la recherche d'un boulot, les premiers vols pour manger, les vols tout court, la prison, le casier judiciaire, l'assistance sociale, la menace d'expulsion...

Pourtant il s'était battu pour ne pas sombrer. Certains l'avaient même accueilli, encouragé. Mais ça ne durait qu'un temps. Parfois, lui-même laissait tout tomber. Il en avait marre d'être assisté. Il se terrait quelques mois, déménageait et reprenait tout à zéro. La police savait.

Le jour baissait déjà. Il rentra chez lui. Un petit deux-pièces au rez-de-chaussée, pas cher. Il savait que, cette nuit-là, il mettrait son projet à exécution et que ça le mènerait jusqu'aux assises. C'était mieux que d'être expulsé. Et puis cette fois il ne serait pas seul au banc des accusés. Il était bien décidé à se faire accompagner par tous les personnages qui l'habitaient : l'étranger, l'ex-détenu, l'assisté, le surveillé, l'exclu du chômage... Il la crierait au tribunal sa solitude, et sa destruction psychologique au jour le jour.

Tout était prêt dans sa tête. Il lui suffisait maintenant d'accomplir avec précision des gestes cent fois répétés mentalement : éteindre le gaz, disperser des vieux chiffons imbibés d'essence, verser le reste du bidon sur le sol, craquer une allumette...

Le lendemain, dans la rubrique des faits divers, on pouvait lire ce petit entrefilet : « Un étranger met le feu à sa maison. Arrivés rapidement sur les lieux, les pompiers ont pu maîtriser l'incendie avant qu'il n'atteigne la maison voisine où dormaient deux personnes âgées. L'individu en question, M. G., vingt-sept ans, au casier judiciaire déjà chargé, s'est rendu lui-même au commissariat. Il a été immédiatement écroué à la prison centrale. Les enquêteurs sont perplexes devant ce geste criminel sans mobile apparent. »

Étrange coïncidence

Juste à côté, dans la rubrique « Étranger », un autre fait divers parle d'une « mystérieuse naissance en Judée ».

« Tout récemment, écrit le journal, les descendants de la famille de David, qui sont, pour la plupart, gens du commun, petits paysans et artisans, se sont retrouvés à Bethléem, en Judée, à l'occasion d'un recensement obligatoire ordonné par le gouverneur romain de Syrie. Dans des circonstances encore mal éclaircies, l'enfant d'une de ces familles est né dans une étable de bergers, faute de place dans les auberges et les maisons de l'endroit, surpeuplées à cause du recensement. Un dénommé Joseph, charpentier-charron de profession, passe pour être son père ; la jeune mère s'appelle Marie.

« Selon notre correspondant dans la région, certaines rumeurs locales font état de l'étrange coïncidence entre cette naissance un peu inhabituelle et l'horoscope du Messie. Rumeurs d'autant plus vives que certains témoins prétendent avoir aperçu une nouvelle étoile qui, selon la prédiction du célèbre devin Balaam, doit annoncer la venue d'un personnage attendu depuis des siècles par le peuple juif. Il n'en faut pas plus pour échauffer les imaginations. D'ailleurs, le roi Hérode lui-même s'est inquiété de tout ce tintamarre. Très soupçonneux et craintif pour l'avenir de son trône et s'imaginant déjà un rival dans l'ombre, le vieux dictateur a envoyé sa police sur les lieux, avec mission de liquider les tout jeunes garçons de Bethléem et des environs.

« Aux dernières nouvelles, le bruit court que l'enfant aurait échappé au massacre de façon quasi miraculeuse. Avertis en toute dernière minute – par quelle voie mystérieuse ? – des intentions d'Hérode, les parents auraient réussi à passer la frontière avec le bébé juste avant l'arrivée des policiers à Bethléem. »

On s'est trompé de recensement

Deux faits divers. Deux Noëls d'incertitude. Deux mille ans de distance.

Je me refuse aux récupérations faciles. Je sais bien que, demain, d'autres M. G. se retrouveront en fuite, étrangers en d'autres Égyptes, qu'ils mettront le feu à d'autres maisons et franchiront la porte d'autres prisons. Je sais que d'autres innocents seront massacrés en Judée, au Pérou, en Belgique et aux Amériques. Mais je sais aussi qu'à Noël ces deux faits divers ne sont pas étrangers l'un à l'autre et qu'« en ces jours-là » comme « en ces jours-ci », les empereurs se trompent parfois de recensement.

Auguste qui, en fin de carrière, voulait compter tous ses sous et sans doute mesurer sa puissance n'a pas tenu compte du petit avoir des bergers. Trop pauvres, ceux-là, pour entrer dans les calculs officiels. D'ailleurs, contrairement à nos belles images romantiques, au temps de Jésus les bergers exerçaient un métier méprisé. Considérés comme incultes, ignorants de la loi, ils étaient privés de tous droits civils et politiques et n'avaient même pas l'autorisation de témoigner au tribunal, ce qui les assimilait aux esclaves. Pourquoi se fatiguer à les recenser...

Ainsi, au fond de l'Empire romain, au bout de la province la plus pauvre, dans l'endroit le plus perdu, au cœur de la nuit la plus longue, un enfant est accueilli et réchauffé par des hommes qui ne comptent pas aux yeux du pouvoir.

J'aimerais qu'à Noël, au fond de sa prison – faudrait-il un nouveau miracle pour cela ? – M. G. apprenne qu'avec la tendresse un peu rude d'un berger oublié par les statistiques, quelque chose de tout petit recommence. Qu'il aperçoive à travers les barreaux de sa cellule ces quelques mots griffonnés à la hâte sur un mur : « Arrêtez le monde, je veux monter. »

5.

Des barreaux dans les yeux

Or, pendant qu'ils étaient là, le jour où elle devait accoucher arriva ; elle accoucha de son fils premier-né.

Luc 2, 6

Une coutume populaire assez vivace en Amérique latine, en Bolivie notamment, veut que le 24 décembre après les douze coups de minuit, la messe dite et les enfants au lit, les adultes déjà bien chambrés se mettent devant la crèche en interpellant ou même en injuriant l'Enfant-Dieu sur les malheurs du temps.

Rien à voir avec la danse de David devant l'arche quand il chantait des psaumes en l'honneur de Yahvé et tournoyait « parmi les ovations et au son du cor », comme dit le livre de Samuel. Ici, la musique est plus approximative et le langage un peu moins poétique :

« Dis-moi pourquoi ce salaud de proprio m'a volé ma terre ? »

« Pourquoi dois-je me prostituer pour élever mon enfant ? »

« Pourquoi mon frère reste-t-il en prison ? »

« Pourquoi me fais-tu cueillir ces feuilles de coca à longueur de journée, sous une chaleur étouffante ? »

Ruth, la Bolivienne, qui me raconte cette histoire, s'empresse d'ajouter que d'après la tradition, à cette heure-là, l'Enfant Jésus dort profondément. Pas de danger, donc, de froisser ses trop jeunes oreilles...

Dis-moi que tu m'aimes

Et si le Dieu que les chrétiens attendent à Noël venait précisément pour entendre ces cris et ces injures-là ?

Les cris de son peuple déboussolé au Kivu, de son peuple affamé au Darfour, de son peuple palestinien en recherche d'une terre depuis si longtemps promise ?

S'il venait pour entendre les cris et les injures de tous les sans-abri, sans-papiers, sans-travail, sans-succès, sans-respect ?

Et pour entendre aussi les cris et les injures qu'on étouffe au fond des prisons ?

Je songe à cette autre histoire qu'un homme m'a racontée. Son histoire. Une vraie parabole[1].

1. Cette histoire, Philippe Manet a décidé d'en faire un « roman » qu'il a intitulé *Des barreaux dans les yeux* et qui est paru aux Éditions Dricot, place de la Résistance, 12, 4020 Liège (Belgique).

Cet homme, donc, partait souvent en voyage. Il occupait d'importantes fonctions dans une organisation internationale de coopération au développement. Cet homme avait un fils... Une épouse aussi. Je crois qu'il l'aimait bien, même si, depuis trois ans, leur couple se déchirait.

« Dis-moi que tu m'aimes, avait-il lancé ce matin-là, suppliant.

— Tu es idiot ou quoi ? avait-elle répondu. Tu pourris ma vie. J'étouffe ! Tu m'encombres ! Tu n'es qu'un handicapé ! »

Elle avait tiré la première, avec des mots dangereux comme des balles, qui l'avaient blessé bien plus fort que l'autre fois, au moment de son accident.

Pourquoi ce revolver absurde et inutile se trouvait-il là, à portée de main ? Il a tiré à son tour, avec de vraies balles. Six fois.

Ainsi, cet homme qui, depuis des années, consacrait sa vie aux déshérités, arrive en prison. Le cataclysme.

Un avocat lui propose de plaider l'irresponsabilité au moment des faits. Longtemps, il s'y refuse et se révolte contre cette idée, mais finit par accepter. Seize mois plus tard, il est libre...

L'histoire « extérieure », touchante, scandaleuse – comme vous voulez – se termine là. Pas de quoi fouetter un romancier, pensez-vous ? Je ne sais pas...

Mais au même moment, l'homme vivait une autre histoire. Plus secrète, plus intérieure. Absurde, naïve, incroyable. C'est selon. Mais vraie. Écoutez.

Ce soir-là – il venait de se mettre au lit – l'homme

entendit avec netteté une voix qui lui répétait à plusieurs reprises : « Je te pardonne. » Pourtant, il ne rêvait pas. Il a même tenté de résister, de raisonner, mais à chaque fois les mots revenaient. Finalement, il se laissa envahir par la douceur de ce pardon, venu quand il ne le demandait pas, quand il ne l'attendait pas.

Vous dites que c'est trop beau, trop spectaculaire. Un peu mièvre aussi. Je ne suis pas sûr. Parce qu'avant cela, l'homme s'est battu avec Dieu, comme Jacob au gué du Yabbocq. Un véritable fait divers, cette histoire-là. Rappelez-vous, au livre de la Genèse, lorsqu'ils se roulent tous les deux dans la poussière jusqu'au lever de l'aurore. Comme Dieu vit qu'il ne pouvait l'emporter, il heurta Jacob à la courbe du fémur qui se déboîta.

Ici aussi un homme a été blessé. Et dans les ténèbres d'une nuit de prison, il a vu se lever une grande lumière. Il a vu Dieu face à face et sa vie a été sauve.

La tendresse des recommencements

Bien joli tout ça, ce corps à corps, « Dieu à homme », comme dit Jean Debruynne, cette présence, ce combat, ce pardon, cette paix aux hommes de bonne volonté... Mais à quelques kilomètres de là une femme est morte, un enfant est orphelin, des parents meurent de chagrin. Un peu facile, le pardon de Noël.

Vous croyez vraiment ? Vous croyez que le pardon efface le passé, supprime le remords ? Qu'il referme les blessures ? Et s'il les rendait plus vives encore... ?

N'est-ce pas par cette ouverture-là, à travers cette chair à vif que « la grâce de Dieu s'est manifestée » ?

N'est-ce pas par cette ouverture-là, à travers la faille d'une crèche, que le cri de Dieu s'est mêlé à celui des hommes ?

N'est-ce pas par cette ouverture-là, à travers la fissure d'un tombeau, que la tendresse de Dieu s'est mise à couler ? La tendresse d'une naissance. La tendresse des recommencements.

6.

La boulangère de Noël

Elle l'emmaillota et le déposa dans une mangeoire, parce qu'il n'y avait pas de place pour eux dans la salle d'hôtes.

Luc 2, 7

Cousins et cousines à la mode de Judée, ils arrivent de partout pour se faire recenser. C'est fou le monde qu'il y avait « en ce temps-là » à Bethléem.

Bethléem, la ville où le prophète Samuel était venu arracher le petit David à ses chèvres et à son papa pour le sacrer roi.

Bethléem où Ruth, la belle Moabite, s'était parfumée pour aller glaner dans les champs de Moab et pour s'approcher de Booz endormi...

Bethléem qui, en hébreu, veut dire mot à mot « la maison du pain ». Sans doute à cause de la fertilité de la région. Le livre de Ruth justement, ne raconte-t-il pas qu'à cet endroit et en pleine famine « le Seigneur s'était occupé de son peuple pour lui donner du pain ». (Ruth 1, 6)

Joseph arrive donc lui aussi à Bethléem, le pays de ses ancêtres, « pour se faire recenser avec Marie son épouse ».

La naissance et le pain

Malheureusement la salle d'hôtes, la grande salle de la ferme, était pleine à craquer.

Peut-être ne faut-il pas trop vite conclure que Marie et Joseph n'ont pas été accueillis. Comme il n'y avait plus de place pour eux – et sans doute pour d'autres – dans la salle de séjour et comme, en plus, Marie devait accoucher, on les installe dans l'arrière-salle, là où se trouvaient aussi la mangeoire et les animaux.

Peut-être était-il trop tôt pour entrer dans la grande salle ?

Luc n'utilise que deux fois le mot « grande salle », et la deuxième fois, c'est à l'autre bout de l'Évangile, quand Jésus dit à Pierre et à Jean d'aller préparer la Pâque : « Voici que viendra à votre rencontre un homme portant une cruche d'eau. Suivez-le... il vous montrera à l'étage une grande salle garnie de coussins ; c'est là que vous ferez les préparatifs. » (Luc 22, 10-12)

Jésus a donc attendu trente ans pour entrer dans la grande salle. Il a fallu trente ans pour les préparatifs. Trente ans pour traverser la maison. Trente ans pour que l'enfant de la crèche rejoigne l'homme à la cruche. Trente ans pour que lève le pain.

En déposant son premier-né dans une mangeoire, mesure-t-elle, Marie, ce rapport mystérieux entre la naissance et le pain ?

Mesure-t-elle que son geste de boulangère annonce un autre pain et un autre repas ?

Mesure-t-elle qu'en recouvrant son fils pour qu'il dorme comme le boulanger recouvre sa pâte pour qu'elle lève, elle anticipe cet autre geste qu'elle posera trente ans plus tard lorsqu'elle enveloppera ce même fils d'un linceul et le déposera au tombeau ? Pour qu'il dorme et qu'il lève.

Marie dit la messe

Aujourd'hui, Pâques déménage à Noël.

Jérusalem se déplace à Bethléem.

Les boulangers de la capitale s'installent à la campagne.

La dernière cène se célèbre dans l'arrière-salle. À moins que l'homme à la cruche n'installe la mangeoire dans la grande salle ?

Tous ils accourent à la boulangerie pour manger le pain de la maison : David, le rouquin, et Ruth-la-jolie, et Booz toujours endormi, et les mages et les bergers qui n'en reviennent pas d'un pareil festin. Les anges aussi qui voudraient tant goûter de ce pain de Noël. Et Joseph qui revient d'Égypte et l'autre Joseph qui regarde Marie, sa boulangère...

Marie soulève le linceul.

Marie prend Jésus.

Marie prend le pain.
Marie fait l'eucharistie.
Marie dit la messe : « Ceci est mon corps... »
Marie partage son fils : « Prenez et mangez... »
Marie se tait et médite toutes ces choses dans son cœur.
Marie dit :
« Allez.
Allez dire qu'un enfant est né.
Allez dire que le pain est bon.
Allez dire que la messe est dite.
Allez dans la paix du Christ. »

7.

« Grand Dieu, grand bœuf ! »

« Ne craignez pas, car voici que je vous annonce une bonne nouvelle, une grande joie pour tout le peuple. »

Luc 2, 10

D'accord, l'âne et le bœuf n'apparaissent pas chez saint Luc. Et encore moins chez les autres, bien sûr. Mais qui vous dit qu'ils n'étaient pas à la crèche ?

Au IVe siècle déjà, il en est question dans l'iconographie de la nativité, avant même Marie et les bergers. Et puis « mes » poètes les ont vus, je vous assure, et bien vus. Ainsi, l'Évangile apocryphe du pseudo-Matthieu (à situer vers le VIIe siècle) les évoque très explicitement au chapitre 14. Écoutez :

« Or, le troisième jour après la naissance du Seigneur, Marie sortit de la grotte, entra dans une étable et elle déposa l'enfant dans la crèche, et le bœuf et l'âne l'adorèrent. »

Ainsi fut accompli ce qui avait été dit par le prophète Isaïe : « Un bœuf connaît son propriétaire et un âne la mangeoire de son maître. » (Is. 1, 3)

Ces animaux donc, qui avaient l'enfant entre eux, l'adoraient sans cesse. Ainsi fut accompli ce qui avait été dit par le prophète Habacuc : « Tu te manifesteras au milieu de deux animaux[1]. » (Ha 3, 2)

Soufflez dessus

Pourquoi pas ? Pourquoi, les hôtels fermés et les voyant perdus, un bœuf n'aurait-il pas guidé Marie et Joseph vers la crèche ? Grâce à ses cornes étoilées comme le pense René Guy Cadou :

« Un bœuf marche seul dans la rue
Quand il lève les yeux les étoiles remuent
Dans la direction de l'étable
tendent leurs cornes charitables[2]. »

Mais pourquoi un bœuf ? demande Maurice Carême :

« À la veille de temps si neufs,
Qui nous dira jamais pourquoi
Dieu choisit les yeux noirs d'un bœuf
Pour refléter, cette nuit-là. »

---

1. Habacuc est traduit d'après le texte grec et non d'après l'hébreu.
2. René Guy Cadou, *Œuvres poétiques complètes*, Seghers, 1993.

Pour le souffle, pardi ! Mais qui souffle le mieux ? La question préoccupe Pierre Menonteau :

« Qui souffle le mieux sur la crèche ?
Est-ce le bœuf ? Est-ce l'ânon ?
Le père a peur qu'un d'eux ne lèche
Le sourire de l'enfançon [1]. »

Lucien Noullez, lui, n'a pas peur de ce souffle-là qui est souffle de joie :

« La joie parfois vous touche un œil, un cil, un bout de ciel,
Quelques secondes, un cheveu.
La joie. Prenez un bœuf, ce grand encensoir gris.
Prenez sa bave sainte et les étoiles. Appelez-moi :
Grand Dieu, grand bœuf ! Soufflez dessus [2]. »

Maman bon Dieu

Essayez ! Essayez la recette de Noël :
« Soufflez plus fort : l'attente fait grandir l'attente (...)
Soufflez, soufflez, la neige neige (...)
Soufflez encore, forgez le vide où je naîtrai [3]. »

Et si vous êtes à bout de souffle, regardez donc « maman bon Dieu » :

---

1. Pierre Menonteau, *Au rendez-vous de l'arc-en-ciel*, Éditions Ouvrières, 1981.
2. Lucien Noullez, *Penouël*, L'Âge d'Homme, 1993.
3. Lucien Noullez, *op. cit.*

« Les mains ! Voyez les mains qui tiennent
Cet enfançon silencieux.
L'une étreint fort le petit de Dieu
Et l'autre le soulève à peine.
Marie écoute la lumière
Qui respire contre son sein.
— Mon lumignon, mon tendre rien
Tu embrases toute ta mère [1]. »

Ta mère. Nos mères. Les mères...
« Les mères ont des secrets penchés sur nous.
Des secrets cousus dans la peau.
Nous errons tous, un sac d'amour dans chaque main.
On n'y peut rien : quand les valises se déchirent
la joie se jette en vous [2]. »

« Je vous annonce une grande joie. »

L'amour arrive. « Toujours à son heure, jamais à la nôtre. Il demande pour venir tout le ciel, toute la terre (...). Une éclaircie dans le sang. Une lumière dans le souffle. Rien de plus. Et pourtant il me semble que toute une vie serait légère, penchée sur ce rien [3]. »

L'amour arrive. Appelez-moi :
« Grand Dieu, grand bœuf ! »
Soufflez dessus.

---

1. Jean Mambrino, *La Nouvelle Guirlande de Julie*, Éditions Ouvrières, 1976.
2. Lucien Noullez, *op. cit.*
3. Christian Bobin, *Éloge du rien*, Fata Morgana, 1990.

8.

Nous ne sommes pas encore nés

Ils se hâtèrent d'y aller, et ils découvrirent Marie et Joseph, avec le nouveau-né couché dans une mangeoire.

Luc 2, 16

Nous ne sommes pas encore nés.

Alors nous venons à la crèche comme on va chez un mage ou chez un sorcier : pour conjurer le sort. Comme Jean-Marc et Odile qui depuis tout un temps plongeaient régulièrement leurs deux petites filles âgées de quatre ans et trois mois dans un bain d'eau glacée... « Pour les désenvoûter », ont-ils expliqué aux enquêteurs. Car ces parents d'un quartier ouvrier dans les environs de Metz étaient persuadés que certains membres de leur famille avaient jeté un sort à leurs fillettes.

La liste est longue, hélas, de ces enfances en miettes pour cause de déchirure, de privation et de superstition. Ou pour cause d'abandon. L'émission longtemps dirigée par Jean-Marie Cavada, « La Marche du Siècle », sur FR3, a raconté avec pudeur l'histoire douloureuse de ces enfants sans enfance.

Trop choyé

Nous ne sommes pas encore nés.

Alors, nous venons à la crèche comme on va à la pub ou à la télé : pour se purifier. Car pour vendre aujourd'hui une eau minérale, une voiture ou de la poudre à lessiver, on recourt de plus en plus à l'enfant. Rien qu'à Bruxelles, quatre agences se partagent le marché, dont une propose jusqu'à quatre mille mini-mannequins à ses clients.

Mini-mannequins, mini-miss, mini-reine d'un jour, mini-stars d'un soir comme à la télévision commerciale flamande qui présente des concours de play-back où les petites Sarah de six ou sept ans, peinturlurées et « décolletées », se déchaînent au micro en imitant leur vedette « préférée ».

Pourquoi ?

Pourquoi demandons-nous à nos enfants de nous singer ?

Est-ce vraiment sans risque de nourrir d'enfants l'œil des adultes, demande un psychologue qui ajoute : « L'enfant objet de violence n'est pas seulement l'enfant victime de coups, de viol, de mauvais traitements. C'est déjà l'enfant trop choyé, trop adulé, trop entouré, l'enfant petite poupée, petite reine ou petit roi » en qui France Quéré voyait avec inquiétude « ce jeune syndicaliste s'excitant sur son dû ».

Pour grandir, l'enfant a besoin de distance autant que d'affection. Et sur les rives de la haute enfance, ses « droits » sont aussi de rêve, et d'espièglerie, et de vie intérieure.

Sainte blessure

Nous ne sommes pas encore nés.

Alors nous venons à la crèche comme on retourne dans le ventre de maman : pour avoir bien chaud. Nous demandons à la religion ou à la nostalgie de nous dorloter. Et à Dieu de rester bébé.

Mais il faut aussi laisser grandir le petit garçon de la crèche. Permettre à Dieu de s'en aller. N'avoir pas trop besoin de lui pour exister...

« Que la famille soit intense mais rapide pour la sainte blessure et la nouvelle naissance », dit Jean Sulivan qui ajoute : « Si vous êtes père ou mère, soyez-le bien, le moins longtemps possible. »

Marie et Joseph en savent quelque chose.

Fabienne Thibault aussi, quand elle chante :

« Vous n'allez pas le croire
Je suis née ce matin. »

II.

Comme une mer nourricière

ÉLOGE DE LA SÉDUCTION

Mais il y a la mer –
et qui l'épuisera ?
La mer qui nourrit
et toujours renouvelle la sève précieuse
d'une pourpre infinie.

Eschyle, *Agamemnon*, V, 959-960

1.

Allez au diable

Jésus, rempli d'Esprit-Saint revint du Jourdain et il était dans le désert, conduit par l'Esprit, pendant quarante jours, et il était tenté par le diable.

Luc 4, 1-2

La tentation... Un mot qui fleure bon le péché et le petit catéchisme, et qui rime bien avec démon, passion, séduction. Un mot de carême, de désert ; un mot couleur de cendres, fidèle, chaque année, au rendez-vous de Satan ; présent, chaque dimanche dans la liturgie : « Ne nous soumets pas à la tentation. »

Et si, pour une fois, on prenait carrément le contre-pied du *Notre Père* ! Oui, si on se laissait tomber en tentation...

Le plus religieux

Si quelqu'un va au-delà de ses possibilités humaines – ça arrive quelquefois, regardez l'actualité, votre entourage peut-être... –, le bon sens populaire réagit souvent en disant : « Il ne faut pas tenter le diable. » Peut-être faudrait-il renverser la proposition et dire, au contraire : « Il ne faut pas tenter l'homme. » Car c'est bien Satan qui invite à aller au-delà des limites et, singulièrement, des limites religieuses.

Nous avons une image simpliste de la tentation, comme du démon. On nous l'a souvent présenté comme celui qui détruit la religion, celui qui, par excellence, incarne le « matériel » et s'oppose au « spirituel ». Et si c'était l'inverse ? Si Satan était le plus religieux des êtres ? Si Satan était celui qui encourage aujourd'hui certains chrétiens et certains mouvements « spirituels » à réclamer une religion pure et dure...

Regardons un instant l'Évangile des tentations. Qu'est-ce que Satan propose à Jésus ? Rien que des choses très catholiques : faire des miracles, exercer le pouvoir, devenir pleinement le Fils de Dieu. Au fond, Satan demande à Dieu d'être un peu plus Dieu et un peu moins homme. J'ai déjà entendu ça quelque part...

« Allons, change ces pierres en pains, dit le démon. Jette-toi dans le vide, montre ton pouvoir, que diable ! »

Tentant, non ?

La chance d'être tenté

Pourquoi ces protestations hypocrites quand on nous dit que Jésus a hésité ? Si les mots n'étaient pas trop contemporains, on pourrait presque parler d'une « crise d'identité » au départ de sa vie publique. Comme dit Jean Debruynne, « la tentation de Jésus n'est pas une gourmandise, ni une paresse, ni une distraction dans ses prières ! » Et Dieu sait s'il lui en a fallu du courage pour envoyer... au diable ce séducteur qui parlait si bien les mots de la religion.

Quel minable carême que celui de nos petites privations, alors qu'il s'agit de s'interroger sur l'exercice même de nos propres pouvoirs, sur la qualité de nos solidarités.

L'Évangile du premier dimanche de carême nous invite à envoyer au diable tout ce qui pourrait nous dispenser d'être un homme.

Au diable ces fossoyeurs d'incarnation !

Au diable ces prêcheurs de résignation !

Au diable ces religions de contrebande et ces espérances de pacotille !

Quelle Bonne Nouvelle de tomber en tentation au désert !

Quelle chance d'être tenté par le silence, l'aventure, l'accueil, le pardon. De s'interroger, d'hésiter, de douter et de naître à travers ces tentations-là, et de grandir, et de devenir plus tendre, plus fragile. Plus homme, finalement.

2.

Nous chantons et nous sommes seuls

Jésus, après son baptême, fut conduit au désert par l'Esprit pour être tenté par le démon.

Matthieu 4, 1

Ce jour-là, à Roubaix, cinq mille personnes accompagnent le cercueil de la petite Laetitia. Elle avait cinq ans. Au moment où elle meurt, à l'hôpital, sa maman est en prison et son papa... on ne sait pas. Une petite fille oubliée de tous.

Quand le croque-mort arrive à la clinique et découvre la situation, il veut offrir le cercueil de Laetitia, mais la loi ne le permet pas... Il en parle à un journaliste qui raconte l'histoire à ses lecteurs et leur demande : « Oubliée de tous dans la vie, Laetitia sera-t-elle oubliée de tous, jusque dans la mort ? »

Le lendemain, place Chaptal, le cimetière est noir de monde et croule sous les fleurs.

La Ballade de Narayama

Le Japon aussi croule sous les fleurs. Et sous la solitude. Celle des personnes âgées en particulier. Une solitude qui, là-bas, va prendre un autre chemin puisque le gouvernement envisage la création de villages pour vieux, dans le tiers-monde mais aussi en Europe.

La coutume de la mort en exil n'est pas une invention du XXe siècle. Le film du cinéaste japonais Shohei Imamura, *La Ballade de Narayama*, primé à Cannes en 1983, raconte justement cette pratique cruelle que l'on rencontrait jadis dans le monde paysan en période de disette et qui consistait à abandonner les vieux dans la montagne.

Aujourd'hui, le Japon est riche. Il n'abandonnera donc plus ses vieux dans la montagne mais dans le tiers-monde ou en Europe. Je sais : seuls les candidats volontaires à l'exil seront désignés. De plus, bon prince, le ministère du Commerce étudie de près la stabilité politique et le taux d'inflation des pays sélectionnés afin d'offrir aux vieillards nippons un maximum de garanties. Avec un peu de chance et beaucoup de yens ils pourront même s'offrir des denrées japonaises.

Ce que ne dit pas le gouvernement confronté, c'est vrai, à un terrible vieillissement de la population, c'est que les vieillards en question, ceux-là mêmes qui, vers 1960, ont construit le Japon moderne, sont condamnés à vivre dans la pauvreté s'ils ne s'expatrient pas ou s'ils n'épargnent pas dès leur adolescence.

Ma femme et moi

Ma troisième histoire nous conduit en Belgique et, plus précisément, dans les petites annonces du journal *En Marche* où deux vieux ont fait publier l'information suivante : « Cherchons personne dans les soixante ans, qui pourrait venir une heure à son choix pour nous tenir compagnie en écoutant des chansons. Car ma femme et moi, nous chantons. Une dame sérieuse, rien de plus. C'est pour ne plus être seuls. »

Trois pays. Trois histoires de solitude. Trois histoires de désert, de choix et de démon.

Jésus aussi, exilé volontaire, s'en fut au désert pour y être tenté.

Pour mieux écouter sa chanson intérieure.

Pour mieux arrêter sa « politique ».

Pour apprendre à briser les mauvaises solitudes.

Pour que les petites filles ne soient plus oubliées jusque dans la mort.

Pour que les vieux ne quittent plus leur pays.

Pour que nous sachions écouter leur chanson.

3.

« Les pierres ont aussi leurs blessures »

« Si tu es le Fils de Dieu, ordonne que ces pierres deviennent des pains. »

Matthieu 4, 3

Voilà donc Jésus au désert pour y être tenté.

Matthieu, pédagogue, dit que l'Esprit l'y conduit.

Marc, journaliste, qu'il le pousse. Un désert plutôt contrasté : « Il était avec les bêtes sauvages et les anges le servaient. » (Mc 1, 13)

Satan, les anges et les bêtes : le tiercé de la tentation !

Mais il y avait aussi les pierres. On parle peu des pierres de la tentation. Et pourtant...

Ne furent-elles pas bonnes compagnes, quarante jours et quarante nuits ?

Le jour pour l'abriter du soleil et du vent.

La nuit pour le réchauffer. Pour lui parler aussi.

80 000 tailleurs

Pourquoi pas ?

Pourquoi les pierres ne parleraient-elles pas ? « Je vous le dis : si eux se taisent, ce sont les pierres qui crieront. » (Lc 19, 40)

« Pour moi, dit Miro, un objet, c'est vivant (...)

« L'immobilité me frappe. Cette bouteille, ce verre, un gros galet sur une plage déserte, ce sont des choses immobiles, mais elles déclenchent dans mon esprit, des grands mouvements. » Et le peintre d'assurer qu'à son expérience certains objets « contiennent une vie secrète beaucoup plus intense que certains humains [1] ».

Donc, les pierres de la tentation se mettent à lui raconter leur histoire et à lui expliquer dans toutes les Écritures ce qui les concernait...

Que Moïse donna ordre au peuple de bâtir l'autel du Seigneur avec des pierres intactes. (Deut. 27, 6)

Que Josué prit douze pierres du Jourdain et dit aux fils d'Israël : « Lorsque demain vos fils demanderont à vos pères : Que signifient ces pierres ? vous le ferez savoir à vos fils en disant : Israël a traversé ici le Jourdain à sec. » (Jos. 4, 20-22)

Que Samuel éleva une pierre qu'il appela Pierre du Secours, car « C'est jusqu'ici que le Seigneur nous a secourus. » (1 Sam. 7, 12)

---

1. Miro, *Œuvre gravé*, Éditions Maeght, 1990, p. 35.

Que Salomon fit appel à 80 000 tailleurs de pierres pour construire la maison du Seigneur. (1 Rois 5, 29)

Que le berger est « la pierre d'Israël » (Gen. 49, 24) et que parfois les bergers se servent de pierres pour allumer leur pipe...

Terrorisées

Les pierres parlaient encore lorsque Satan parut.

Le tentateur attendait. Depuis quarante jours.

Il attendait le froid.

Il attendait la faim.

Il attendait le mirage.

Il attendait la folie.

Il attendait la chute.

Il attendait la magie.

Il s'approche de Jésus et lui dit : « Si tu es le Fils de Dieu, ordonne que ces pierres deviennent des pains. »

Les pierres étaient terrorisées. Des pains ! Allumer le feu, oui. Et recevoir les braises, sûrement. Et moudre le grain et accueillir le texte de la loi... Mais devenir des pains !

Satan n'aime pas les pierres. Il n'aime pas leur fidélité. Leur sérénité. Leur résistance. Leur silence. Leur mémoire.

Mais Jésus répond : « Il est écrit : Ce n'est pas

seulement de pain que l'homme doit vivre, mais de toute parole qui sort de la bouche de Dieu. »

Les pierres l'auraient bien embrassé.

Jésus comprit alors que les pierres pleuraient quelquefois, et qu'elles pouvaient se changer en source d'eau vive (Ps 113) car « les pierres ont aussi leurs blessures, les marqûres du vent[1] ».

Mesura-t-il ce jour-là, que les pierres de la tentation au désert resteraient ses compagnes jusqu'à la fin ?

Qu'il les appellerait parfois, ne sachant où reposer la tête ?

Qu'il les ferait rouler et rouler encore à l'entrée des tombeaux ?

Qu'il les rejoindrait enfin, devenu lui-même « pierre vivante ». (1 P 2, 4)

Et que les anges, étonnés, n'auraient plus peur si son pied venait à heurter une d'entre elles...

---

1. Francis Chenot, *Le Principe de solitude*, Amay, L'Arbre à paroles, 1992, p. 47.

4.

Par le chemin des amandiers

« Aujourd'hui, cet Écrit se réalise pour vous qui venez de l'entendre ! »

Luc 4, 21

J'ai toujours aimé la fleur d'amandier.

À cause de sa fragilité, peut-être, à la sortie de l'hiver ?

Ou parce que la ruse de Jacob envers Laban, son beau-père calculateur, m'a toujours fait sourire ? La Bible raconte, en effet, au livre de la Genèse, que Laban gardait pour lui et ses fils les plus belles bêtes et ne laissait à Jacob que le reste du troupeau. Un jour, pour avoir de beaux moutons bien à lui, Jacob coupa des baguettes d'amandier et y tailla des raies blanches, puis il les plaça au bord des abreuvoirs. Quand les brebis venaient boire et quand elles s'accouplaient devant les baguettes d'amandier, elles mettaient bas des agneaux rayés... qui ne pouvaient donc appartenir qu'à Jacob !

À moins qu'il ne s'agisse d'une raison plus sentimentale : un jour, j'ai reçu au carmel de Nazareth quelques fleurs séchées d'amandier. Ainsi, pour moi, lorsque Jésus arrive à la synagogue le jour du sabbat, ce ne peut être que par le chemin des amandiers...

Quel bon prêtre !

Oui, ce jour-là, les amandiers sont en fleur et le village en fête. Tous ont les yeux sur lui, ses proches, les scribes, le vieux rabbin qui l'a formé, lorsqu'il déroule le livre et proclame ce texte qu'ils connaissent par cœur :

« Le Souffle du Seigneur est sur moi.
Il m'a consacré comme Messie pour annoncer l'Évangile à ceux qui sont en manque.
Il m'envoie clamer
aux prisonniers : Vous êtes libres !
aux aveugles : Retrouvez la vue !
à ceux qui sont brisés : Partez libérés !
Il m'envoie crier :
Voilà le Temps où le Seigneur est accueillant [1] ! »

Puis il dépose le livre et ajoute : « Aujourd'hui, cet Écrit se réalise pour vous qui venez de l'entendre ! »
Merveille que ce garçon-là !
Dire que c'est le fils de Joseph !

---

1. Traduction de Gérard et Marie Sévérin, *op. cit.*, p. 354.

Comme il parle bien !
Quel bon prêtre !
Voilà enfin un prophète en son pays...

Mais lui continue : « Il y avait beaucoup de lépreux en Israël au temps du prophète Élisée, aucun d'eux pourtant ne fut guéri, sauf Naaman, un Syrien ! »

L'admiration fait place à la stupeur. Ils étaient séduits par leur jeune rabbin et les voilà furieux. Tant qu'il répétait, d'accord : Isaïe ne dérangeait pas. Mais voilà maintenant qu'il interprète ! Qu'il actualise ! Pire, qu'il localise ! Le fils du charpentier !

La fête est cassée. Pourtant Jésus ne voulait rien briser.

Ne sont-ils pas arrivés à la synagogue par le même chemin ?

N'ont-ils pas vu que les amandiers étaient particulièrement précoces cette année-là ?

L'Éveilleur éveillé

L'amandier, en hébreu, s'appelle le veilleur. À cause de sa floraison hâtive. « Le veilleur, l'éveilleur. Éveillé de l'hiver, nous éveillant à la toute beauté », commente Olivier Clément.

Jésus les éveillait à la toute beauté, à la toute fragilité, à la toute actualité, mais ils ne voulaient pas regarder les fleurs d'amandier. Ils ne voulaient pas connaître le printemps. Ils préféraient rester en automne et se lamenter sur la chute des feuilles.

Pourtant, « quand les feuilles tombent », dit Sulivan, « inutile de monter dans les arbres pour les fixer avec je ne sais quoi, des aiguilles avec du fil si vous voulez. C'est du temps perdu ! Tout ce qui tombe, tout ce qui se défait dans le christianisme, c'est la preuve que la vie existe. »

Aujourd'hui, cet Écrit se réalise pour vous qui venez de l'entendre.

Aujourd'hui, l'Éveilleur est sorti pour vous éveiller à la toute beauté.

Aujourd'hui, le chemin des amandiers est en fleur.

5.

Mais il y a la mer

> *Comme il marchait le long de la mer de Galilée, il vit deux frères, Simon appelé Pierre et André, son frère, en train de jeter le filet dans la mer : c'étaient des pêcheurs...*
>
> Matthieu 4, 18

Dans un livre étonnant paru en 1964, Jean Sulivan raconte l'histoire d'un cardinal qui demande et obtient du Vatican la permission de se retirer dans une villa au bord de la mer. Retraité après avoir, durant de longues années, assumé d'importantes responsabilités dans l'Église, il se promène souvent le long de la mer. En regardant son image qui se reflète sur les eaux, il a le sentiment de voir un étranger et il éprouve le vertige à la pensée de ce que fut son existence : « J'étais en représentation », constate-t-il.

Un jour, le vieux prélat ordonne à sa gouvernante d'aller lui acheter des vêtements de pêcheur. Désappointée, la pauvre femme s'exécute. Les décisions de son maître ne souffrent pas d'objection. Mais le cardinal Juan Ramon n'a pas seulement changé d'habits. Depuis longtemps, quelque chose a craqué en lui. Comme une brèche. Une fissure. Au bord de la mer, heureux parmi les pêcheurs, il connaît de surprenantes rencontres...

La mer joue un rôle important dans l'Évangile. Elle y est présente au début et à la fin : c'est au bord de la mer que Jésus séduit ses premiers disciples et c'est sur la plage qu'il les rejoint après la résurrection. Ainsi, la mer apparaît souvent comme le lieu de l'appel et de la conversion.

Reprendre ses filets

Au départ, les disciples sont véritablement arrachés à la mer, c'est-à-dire à leurs filets, leur métier, leur passé, leurs habitudes. Mais ils reviendront au bord de la mer. C'est là qu'ils vivront avec Jésus la plus grande partie de son ministère en Galilée ; c'est là qu'ils partageront les conversations les plus importantes, les moments les plus intimes ; c'est là qu'il dira à Pierre et à ses amis : « Laissez vos filets ; allez au large ; avancez en eau profonde ; n'ayez pas peur. » Mais c'est là aussi qu'ils connaîtront les tempêtes les plus brusques et les plus difficiles, au bord de cette mer qu'ils devront un jour traverser.

Le cardinal de Jean Sulivan, lui aussi, avait laissé là ses filets. Lui aussi avait pris le large, sincèrement, fougueusement peut-être, pour devenir pêcheur d'hommes. Et comme tant d'autres – qui est à l'abri ? – il s'est laissé prendre, petit à petit, au jeu subtil de la représentation. Mais il y a la mer... et le plus extraordinaire, c'est que la mer convertit deux fois. Il faut parfois reprendre les filets abandonnés dans sa jeunesse pour retrouver l'Évangile !

Plusieurs des disciples de Jésus se sont perdus dans la tempête, jusqu'au martyre. D'autres sont revenus au bord de la mer et ont repris leur premier métier. En apparence, rien n'avait changé. Si ce n'est qu'à Tibériade, Capharnaüm et dans les environs, quelques vieux pêcheurs, heureux, regardaient la mer autrement...

6.

L'étranger, l'imam et le chauffeur de taxi

Ses brebis, à lui, il les appelle chacune par son nom, et il les fait sortir.

Quand il conduit dehors toutes ses brebis, il marche à leur tête, et elles le suivent, car elles connaissent sa voix...

Jean 10, 3-4

Dernièrement, un de mes collègues se trouvait à Tunis pour y préparer un échange entre des étudiants belges et tunisiens. Disposant de quelques heures de liberté, il décide de faire une balade en bordure de la capitale et appelle un taxi. Arrivé à destination, le chauffeur lui dit : « Moi, maintenant, je vais à la mosquée. Si vous souhaitez que je vous ramène en ville dans deux heures, je suis à votre disposition. Après l'office, je vous attendrai ici, au feu rouge. »

Un peu éberlué, le professeur accepte le rendez-vous et, de fait, retrouve « son » chauffeur à l'endroit indiqué.

Heureux les tièdes

Sur le chemin du retour, après un moment de silence, le taximan se met à parler avec chaleur : « Je viens souvent à cette mosquée, dit-il, parce que l'imam est un homme étonnant. Ainsi, aujourd'hui, il nous a raconté l'histoire d'un ami catholique, un étranger, qui s'est converti à l'islam après avoir vécu un certain temps dans notre pays. Enthousiaste comme beaucoup de nouveaux convertis, il a voulu mieux connaître sa religion d'adoption en parcourant les hauts lieux de l'islam actuel. De retour à Tunis, déçu d'avoir croisé autant d'intolérance et de fanatisme, il a confié à notre imam : "Heureusement que j'avais d'abord découvert l'islam ici, sans quoi je pense que je ne me serais jamais converti."

"Dans le monde musulman, on reproche souvent aux Tunisiens de ne pas assez s'affirmer, de pratiquer une religion trop tiède", devait alors conclure notre imam, "mais qui sait si cette tiédeur-là n'est pas notre chance et notre originalité ?" »

Quel bon pasteur !

Je pense à la journée mondiale des vocations qu'on pourrait aussi appeler, pourquoi pas, « journée mondiale de la séduction » ! Et je me dis que cet « éloge de la tiédeur » et la découverte de cet autre visage de l'islam, au fond d'un taxi, viennent peut-être jeter une douce lumière sur l'Évangile du Bon Pasteur qu'on relit ce jour-là.

Quel bon pasteur que cet imam-là, et que ses brebis tunisiennes ont de la chance de l'avoir comme berger de leur mosquée. Quand il les conduit dehors, sur les chemins d'une foi exposée, et marche à leur tête, je comprends qu'elles le suivent, car elles reconnaissent cette voix qui invite à la tolérance. Comme ce chauffeur de taxi qui, un jour sans doute, a dû se sentir appelé par son nom.

7.

Séducteurs !

« Seigneur, tu as voulu me séduire. »

Jérémie, 20, 7

« Passe derrière moi, Satan. »

Matthieu, 16, 23

Arrivé au milieu du gué, à l'âge de la maturité, Jérémie traverse ce qu'il est convenu d'appeler une « crise de vocation ». Il veut tout jeter là et s'en prend à Dieu avec une ironie presque blasphématoire : « Seigneur, tu as voulu me séduire, et je me suis laissé séduire ; tu m'as fait subir ta puissance et tu l'as emporté. »

Pas besoin de jouer les commentateurs pudibonds : c'est bien un viol qu'évoque ici la Bible en parlant de « puissance » et de « séduction » ! Autrement dit, le prophète accuse Yahvé d'avoir abusé de la simplicité de sa jeunesse en lui faisant toutes sortes « d'avances »...

« Et dire que j'y ai cru à tout ton baratin ! Tu m'as fait violence avec cette soi-disant vocation. Tu savais bien que j'étais trop jeune ! Maintenant, j'en ai marre des injures et de la moquerie. Marre de ces gens qui me critiquent du matin au soir. Reprends ton tablier ! Je ne parlerai plus en ton nom. »

Pierre aussi est tenté de suivre un autre chemin. Pierre-la-grande-gueule, le réaliste, qui a certainement raté une brillante carrière politique, sent bien que s'il veut exercer ce pouvoir que vient de lui confier Jésus, il faut adopter une tout autre stratégie. Prenant son maître à part, il va lui donner « une petite leçon de réalisme électoral » : « Enfin, Jésus, aller à Jérusalem ! Tu n'y penses pas ! Tu sais bien qu'ils t'y attendent, tous ces bigots et ces grenouilles de bénitier ! Et quand tu seras mort, qu'est-ce que tu auras prouvé, dis-moi ? Non, Seigneur, non ! Il faut changer de tactique : d'abord redresser notre image de marque dans le public, séduire les gens et ensuite nous préparer à la prise du pouvoir. »

« Passe derrière moi, Satan, répond Jésus, tu es un obstacle sur ma route. » J'allais écrire : « tu as voulu me séduire... »

Un feu dévorant

Il ne faut pas durcir exagérément l'expression. Satan – dans la Bible, le Séducteur ! – est surtout celui qui barre la route, qui veut faire aller par un autre chemin. Il est présent au moment des grandes décisions, là où la vocation est en jeu. « Passe derrière moi, Satan » peut donc s'interpréter : « Pierre, ne me détourne pas de ma vocation et ne te détourne pas de la tienne ! Ce ne sont pas des politiciens que je veux faire de vous, mais des disciples... »

J'aime ces difficultés de vocation des grands témoins qui nous apprennent que les fidélités durables se forgent aussi dans la tempête.

J'aime lire dans la Bible, dans l'Évangile, que la tentation d'envoyer tout en l'air est inscrite au cœur même de la foi.

J'aime, oui, pardonnez-moi ! l'ambiguïté de la séduction – est-elle de Dieu ou de Satan ? – et j'ose espérer qu'aux moments les plus éprouvants, quand on perd pied, quand le rivage est battu par les vents, les paroles de Jérémie remonteront à la surface : « Mais il y avait en moi comme un feu dévorant, au plus profond de mon être. Je m'épuisais à le maîtriser sans y réussir. »

III.

Comme une fleur de farine

ÉLOGE DE LA PÉNURIE

Prends donc une poignée de bonne terre.
Y trouves-tu une semence ou peut-être un ver ?
Si ta main était assez grande et assez patiente,
la semence pourrait devenir une forêt
et le ver une troupe d'anges.

Khalil Gibran,
Le Jardin du prophète.

1.

« Serais-tu de Wallonie, toi aussi ? »

« Galilée, toi le carrefour des païens. »
Matthieu 4, 15

Les Galiléens avaient, paraît-il, un accent très particulier. Or, comme en hébreu on n'écrit pas les voyelles, il importe de bien prononcer pour se faire comprendre... C'est ainsi qu'un jour, dit le Talmud de Babylone (livre fondamental du judaïsme, après la Bible), un Galiléen demanda un « mr ». « Imbécile de Galiléen, lui répondit-on, qu'est-ce que tu veux ? Un âne pour monter dessus (*hamor*), du vin pour boire (*hemer*), ou une brebis pour l'égorger (*êmar*) ? »

Défaut d'éloquence

Les gens « raffinés » de Jérusalem adoraient se moquer de cet accent prononcé et cela, même dans les milieux populaires. Ainsi, rappelez-vous, au moment de l'arrestation de Jésus, quand Pierre essaie de se débiner, une servante lui réplique : « Toi aussi, tu es des leurs ! D'ailleurs, ton accent te trahit ! » Hé oui, pauvre Pierre ! Il avait l'accent de Capharnaüm, ce fameux accent qui valait aux Galiléens d'être écartés du métier de rabbin et qui leur interdisait de commenter la Loi pour « défaut d'éloquence »...

L'accent n'expliquait pas tout. Le mépris des gens de Judée – de la capitale surtout – pour ceux de Galilée s'enracine dans quelque chose de bien plus profond : à leurs yeux, ces Galiléens qui en font voir de toutes les couleurs aux Romains sont beaucoup trop indépendants. Leur situation de peuple frontalier qui les met en contact quotidien avec des étrangers, des païens, les rend beaucoup trop tolérants.

Mais le fond du problème, c'est surtout que les Galiléens se montrent assez indépendants sur le plan religieux. Ils n'aiment pas les fioritures juridiques et s'accommodent mal des subtilités inventées à Jérusalem. Comme par hasard, en Galilée, il y a peu de grands prêtres et encore moins de pharisiens et de sadducéens. Pas étonnant, alors, qu'un Judéen à qui l'on racontait les faits et gestes de Jésus se soit esclaffé, incrédule : « Qu'est-ce qu'on peut bien trouver d'intéressant à Nazareth ? »

Totalement universel

Lorsque l'Évangile nous dit que Jésus « se retira en Galilée (...) et vint habiter à Capharnaüm », ce n'est donc pas une simple notation géographique.

La Galilée, c'est le lieu du début et celui de la fin. C'est là que Jésus appelle ses premiers disciples, de rudes provinciaux à l'accent du terroir, et c'est là qu'il leur donne rendez-vous après sa résurrection.

C'est en Galilée que Jésus fait le plus de miracles, qu'il guérit, accueille la Cananéenne, proclame les Béatitudes, enseigne le *Notre Père* et rencontre les femmes qui l'accompagneront jusqu'à la Croix.

La Galilée, c'est la vie quotidienne, l'accueil, la marginalité, le lieu où Jésus s'enfuit lorsqu'il a des ennuis avec les curés ! Tandis que la Judée, c'est le Temple, le sacré, l'exceptionnel, le lieu du refus, des murailles, des grands prêtres et du pouvoir central.

C'est en Galilée que Dieu passe la frontière, côtoie les étrangers, se mêle aux païens, totalement universel parce que totalement enraciné. Dieu de tous les peuples parce que Dieu d'un peuple. De Galilée, de Bretagne, de Catalogne, de Flandres ou de Wallonie.

Au moment du procès de Jésus, quand Nicodème s'efforce d'atténuer les choses, les autres membres du Sanhédrin lui rétorquent : « Serais-tu de Galilée, toi aussi ? Cherche, et tu verras qu'il ne se lève pas de prophètes en Galilée. »

Et en Wallonie, s'en lève-t-il des prophètes ? Entendra-t-on un jour un autre Sanhédrin répliquer à un autre Nicodème : « Serais-tu de Wallonie, toi aussi ? »

2.

Une petite lampe palestinienne

Il leur disait encore : « Vous êtes le sel de la terre.
Si le sel perd sa saveur, comment redeviendra-t-il du sel ?
Vous êtes la lumière du monde.
Une ville située sur une montagne ne peut être cachée.
Et on n'allume pas une lampe pour la mettre sous le boisseau. »

Matthieu 5, 13-15

Un silence grave suivit alors les derniers mots, comme si chacune des paroles qu'il venait de prononcer pénétrait lentement en eux. La dernière surtout, la plus dure : « Heureux êtes-vous lorsqu'on vous insulte et qu'on vous persécute... »

Après un moment, comme s'il voulait ajouter une neuvième béatitude, Jésus reprit la parole et leur dit encore : « Vous êtes le sel de la terre... Vous êtes la lumière du monde... Heureux êtes-vous. Oui. Heureux ceux qui donnent saveur à l'existence des hommes, qui fertilisent les champs de l'humanité. Heureux ceux qui portent une lanterne au cœur de la nuit et protègent du vent leur petit lumignon. »

Le pain et le sel

De la colline où il les a emmenés pour échapper aux foules, ils découvrent le lac de Tibériade et aperçoivent probablement cette « ville située sur une montagne » dont il vient de leur parler. Peut-être s'agit-il de Safet, la petite cité de haute Galilée perchée sur un éperon rocheux et dont les maisons blanches brillent au soleil.

De là-haut, ils voient aussi la plaine et distinguent au loin l'un ou l'autre paysan en train de saler son sol.

Le sel, ils connaissaient. Ils s'en servaient pour mouiller l'herbe et faire boire les moutons, conserver le poisson, ranimer le feu qui s'éteint ou accueillir quelqu'un à la maison. Car la Bible le dit : partage avec tes hôtes « le pain et le sel ». Signe de fidélité, donc, de durée, d'alliance, de conservation, mais de fertilité aussi puisque les cultivateurs l'utilisaient comme engrais.

« Vous êtes le sel de la terre », dit Jésus. De la terre. Pas de la mer. Parce que celui-là, le sel de la mer Morte (la mer de sel), se dénaturait parfois, c'est vrai. Tandis que l'autre, celui que l'on extrayait de la montagne de Sodome après avoir enlevé et piétiné la terre qui le recouvrait, semblait plus stable, de meilleure qualité. Mais si le sel de la terre, ce beau sel-là, perd lui aussi sa saveur, comment redeviendra-t-il du sel ? Il n'est plus bon qu'à être foulé aux pieds avec l'argile qui le recouvre.

Paris-Dakar du témoignage

Ainsi, lorsque Jésus invite ses disciples à être « le sel de la terre », il ne leur propose pas de devenir l'élite de l'humanité mais l'engrais du monde ; il ne les encourage pas à se surpasser dans je ne sais quel Paris-Dakar du témoignage mais à rayonner dans le secret, à devenir ces hommes et ces femmes des béatitudes qui porteront en eux le sel de la paix, de la justice, de la douceur, de la pauvreté.

La douceur et la pauvreté de cette petite lampe palestinienne à laquelle Jésus pense sans doute et qui, en ce temps-là, suffisait à éclairer la seule pièce de la maison. On comprend alors qu'il fallait la protéger et ne surtout pas la placer dans le boisseau, le tonneau à grains...

Heureux êtes-vous, si la neuvième béatitude vous habite, si vous êtes capables de vous enfouir dans la terre des hommes et d'y éclairer sans blesser, si de jour en jour et de fenêtre en fenêtre vous allumez cette petite bougie d'espérance qui a déjà fait fondre tant de barbelés.

3.

Tête en l'air, les filles !

> *« Le Royaume des cieux sera comparable à dix jeunes filles invitées à des noces, qui prirent leur lampe et s'en allèrent à la rencontre de l'époux.*
> *Cinq d'entre elles étaient insensées, et cinq étaient prévoyantes. »*
>
> Matthieu 25, 1-2

Bizarre, cet éloge de la prévoyance. L'Évangile ne parle-t-il pas aussi d'insouciance et de ne pas trop se préoccuper du lendemain ? D'accord, dans leur hâte de rejoindre la fête, les « folles » de l'histoire ont oublié leur petite cruche de réserve. Un peu « tête en l'air », les filles ! comme dit la traduction des Sévérin. Mais de là à prendre les « sages » pour des vertueuses... Calculatrices, oui. Et égoïstes en plus ! Vous trouvez ça beau, vous, ce refus de partager l'huile...

C'est la faute à l'époux !

D'ailleurs, tout cela, c'est la faute à l'époux. Ou peut-être à sa belle-mère... Pourquoi tardait-il, pensez-vous ? Je veux parier qu'ils ne s'entendaient pas sur les cadeaux ! Du coup, les parents de la fille refusaient de signer le contrat...

Vous croyez que j'en rajoute ? Pas du tout. En Palestine cette fonction de marchandage le jour du mariage est tout à fait primordiale et la « résistance » des parents de la jeune épouse est plutôt flatteuse pour le futur gendre. Une manière de lui dire qu'ils vont lui confier une enfant qu'ils aiment beaucoup. Pas étonnant que ce petit jeu prenne du temps, à tel point qu'aujourd'hui encore au pays de Jésus, du côté arabe en tout cas, il est fréquent d'attendre longtemps l'arrivée de l'époux.

Le plus dur, évidemment, c'est pour la fiancée. Elle aussi attend. Après les danses, les divertissements et les repas de la journée, les suivantes l'introduisent dans la maison de son bien-aimé, à la lueur des lanternes. Et comme souvent les heures passent, il n'est pas surprenant que tout le monde s'endorme... Il faut récupérer un peu !

Lorsqu'au milieu de la nuit, le messager s'écrie enfin – parfois après plusieurs fausses alertes : « Voici l'époux ! », le rituel veut que les jeunes filles laissent seule la fiancée et se précipitent avec leurs lanternes au-devant du mari qu'accompagnent ses amis. Tout ce joyeux monde réunit alors les deux jeunes gens, les plonge dans une mer de lumière et les conduit en cortège chez le père du fiancé pour la bénédiction nuptiale et... un nouveau repas.

Toutes les traditions s'accordent à voir dans cette arrivée nocturne des fiancés à la maison paternelle le point culminant de la noce et le signe de sa fin.

Tout ça pour un peu d'huile...

Mais alors, quel est le sens de la parabole ? Pourquoi cette dureté de l'époux envers les jeunes filles ? « Je ne vous connais pas. » Tout ça pour un peu d'huile.

Justement ! Pour le Palestinien, l'huile est essentielle à la vie, comme le miel, le blé et le vin. On l'offre en premier au Seigneur. On s'en sert pour le luminaire sacré, pour les blessures, les onctions saintes, les noces. Car l'huile symbolise l'apaisement, l'amitié, la prospérité, la joie. Surtout la joie. Les jeunes filles « insensées » de la parabole avaient laissé fuir la joie... Il ne faut pas mettre la lampe sous le boisseau, la petite lampe à huile... Surtout le jour des noces.

La parabole des dix jeunes filles est une parabole de crise. Comme dit Mannick, la lampe allumée invite à chercher malgré les embûches du chemin. Elle invite à chanter malgré le vacarme des cités. Elle invite à marcher malgré le brouillard à l'horizon.

Veiller, dans l'esprit de l'Évangile, cela veut dire

être là au bon moment, faire face aux événements, assumer sa responsabilité quotidienne.

C'est pour cela que le maître est si sévère et que les sages se trouvent dans l'impossibilité de réparer l'étourderie des folles. Ce n'est pas une question de quantité mais de qualité : on ne peut pas être vigilant – ou amoureux – à la place d'un autre.

Matthieu, en proposant en enfilade les trois paraboles du serviteur fidèle, des dix vierges et des talents, s'adresse à sa communauté.

Il rappelle à chacun – à un moment où il y avait un peu de laisser-aller – le sérieux de son ministère.

Il attire l'attention de sa jeune Église sur l'importance de l'ordinaire, les enjeux du moment présent.

À celles et ceux qui sont devenus un peu trop fonctionnaires, un peu trop tièdes, un peu trop usés ou découragés, et qui lui disent : « à quoi bon », « on a le temps », « on verra bien », « faut pas pousser »... il répond que l'huile pour demain s'achète aujourd'hui.

Peut-être, finalement, les jeunes filles « tête en l'air » auraient-elles dû rester à la fête au lieu de partir chez les marchands. Avec leur petite flamme, avec leur petite joie. Avec la mèche qui fumait encore... Dieu nous accueille aussi avec nos manques.

4.

Fleurs de farine

La veuve répondit : « Je n'ai pas de pain. J'ai seulement dans une jarre, une poignée de farine et un peu d'huile dans un vase. »

1 Rois 17, 12

Une pauvre veuve s'avança et déposa deux sous.

Marc 12, 42

Ce jour-là, le prophète Jésus donne un cours de sociologie. Sur le terrain. Assis sur l'escalier qui conduit à la salle du trésor, il invite ses disciples à observer le fonctionnement du Temple. Beaucoup de gens riches déposent de grosses sommes dans les troncs. Mais voilà qu'une pauvre veuve s'avance et glisse deux piécettes. Deux leptes. La plus petite monnaie de l'époque. Deux centimes. Deux fois rien. Une fortune pour elle qui a faim. « Regardez, dit Jésus. Elle donne sa faim. Elle épuise ses réserves, tout ce qu'elle avait pour vivre. »

Nous mangerons et nous mourrons

Ce jour-là, oui, le même jour, mais quelques siècles plus tôt, le prophète Élie arrive à Sarepta sur la côte phénicienne, entre Tyr et Sidon. L'actuelle Sarafond au Liban. Une région dévastée alors par la famine. Il a faim et apostrophe une pauvre veuve qui ramasse du bois : « Veux-tu me puiser un peu d'eau pour que je boive ? Et m'apporter aussi un morceau de pain ? » La femme qui doit elle-même mendier pour vivre lui répond, désespérée : « Je n'ai pas de pain, j'ai seulement dans une jarre, une poignée de farine, et un peu d'huile dans un vase. Je ramasse deux morceaux de bois, je rentre préparer pour moi et pour mon fils ce qui nous reste. Nous le mangerons et puis nous mourrons.

— N'aie pas peur, répond Élie, va, fais ce que tu as dit, mais d'abord cuis-moi un petit pain et apporte-le-moi, ensuite tu feras du pain pour toi et ton fils. »

Comme la veuve de Jérusalem, la veuve de Sarepta épuise ses ultimes réserves. Elle sacrifie sa dernière poignée de farine et, du coup, son geste devient sacré. Sans y penser peut-être, elle accomplit une liturgie car, en ce temps-là, la farine pouvait être offerte en sacrifice. Naturelle, ou arrosée d'huile et d'encens, et même sous forme de gâteau... De la farine ordinaire ou, mieux encore, de la « fleur de farine », appelée ainsi parce qu'elle a été moulue plus longtemps et plus finement tamisée.

Deux saintes

Je me dis que voilà deux bien belles figures de Toussaint. Deux veuves. Deux femmes écrasées sous la meule du meunier. Deux femmes mortes avant l'heure, si vivantes pourtant, si croyantes. Femmes offertes, femmes-offrandes, moulues par la vie, tamisées, deux fleurs de farine, deux saintes.

Parce qu'elles ont tout donné, « tout ce qu'elles avaient pour vivre », le miracle continue selon la promesse d'Élie à l'une d'elles : « Jarre de farine point ne s'épuisera, vase d'huile point ne se videra jusqu'au jour où le Seigneur donnera la pluie pour arroser la terre ». Ce n'est donc plus « Tu es poussière » qu'il faut dire, mais « Tu es farine »...

Je songe à toutes celles et à tous ceux dont nous faisons mémoire et qui, peut-être, nous manquent douloureusement mais qui, secrètement, nous nourrissent encore parce qu'ils sont devenus « fleur de farine » pour les siècles des siècles.

5.

Les amants de Yahvé

« Je maintiendrai au milieu de toi un reste de gens humbles et pauvres. »

Sophonie 3, 12

« Ce qu'il y a de fou dans le monde, voilà ce que Dieu a choisi... »

1 Corinthiens 1, 27

« Quelle chance pour ceux qui sont en manque jusqu'au fond d'eux-mêmes. »

Matthieu 5, 3

Je viens de lire un livre d'une grande douceur. Je dis « douceur » au sens de la cinquième béatitude. Au sens où Marie Depussé me dit qu'« on balaye très doucement autour des fous ». Parce qu'« ils ont besoin, souvent, de la poussière, qui les protège de la violence du jour », dit-elle, et elle poursuit : « C'est pendant qu'on tourne autour de leur lit, qu'on ramasse leurs miettes, qu'on touche à leur linge, à leur corps, que se tiennent les dialogues les plus doux. »

Vraiment, pour votre bonheur, pour entrer loin dans la terre des béatitudes, je vous invite à lire *Dieu gît dans les détails*. Un récit bouleversant et simple, fort, d'une exceptionnelle pudeur, sur l'asile de La Borde fondé en France par Jean Oury [1], et qui revisite à sa manière l'affirmation de Paul : « Ce qu'il y a de fou dans le monde, voilà ce que Dieu a choisi... »

Boudeurs de vie

Ce qu'il y a de fou... « Je dis les fous. Par prudence, écrit Marie Depussé. Dire, comme chacun s'autorise à le faire, les psychotiques, est une violence qui engendre des diagnostics, à vie. Par tendresse. On ne peut dire “les fous” sans les aimer un peu. Tous les pensionnaires ne méritent pas le mot. À côté des fous, il y a les fragiles, les boudeurs de la vie, les très fatigués. Si je m'autorise à les désigner, indifféremment, par le mot, c'est que les habitants de La Borde l'aiment bien. Nous, les fous.

Il ne les vexe pas : au contraire... »

---

1. Marie Depussé, *Dieu gît dans les détails. La Borde, un asile*, Paris, P.O.L., 1993.

Les fous. Les doux.

Heureux les doux.

Pas les sucrés. Pas les chocolatés. Pas les caoutchoutés. Non. Les doux dingues !

« Quelle chance pour les doux ! » traduisent Gérard et Marie Sévérin. « Les humbles du pays » que Chouraqui appelle aussi, quelquefois, « les amants de Yahvé ».

Les fous. Les pauvres.

Heureux les pauvres.

Le déchet. Le reste. « Un reste de gens. » Un petit reste. « Ceux qui sont en manque jusqu'au fond d'eux-mêmes. » Les manquants. Les demandants. Les mendiants. Pas ceux qui mendient une pièce ou un morceau de pain, comme l'aveugle-né. Non. Ceux qui mendient un travail pour la journée, les journaliers qui espèrent, le soir, recevoir un denier, c'est-à-dire dix petits pains...

Dans une cage à poules

Les journaliers de Dieu n'attendent pas un avenir meilleur en se tournant les pouces. Ils s'accrochent. Ils se battent... doucement.

L'Évangile ne canonise pas la misère. Il se réjouit : quelle chance ! Bénédiction ! Il pousse en avant. Il met en marche : « En marche les endeuillés ! En marche les faiseurs de paix ! »

Cette nouvelle marche, à Caen, ATD-Quart-monde l'actualise admirablement en proposant de belles choses à des familles en grande pauvreté. Pour une cotisation symbolique de deux euros par an, il est possible d'exposer chez soi, pendant quelques semaines, une splendide reproduction de Dali, Renoir, Millet, Picasso, Van Gogh... « Quand on vit dans une cage à poules... avoir un tableau chez soi, ça aide beaucoup », raconte Bernadette qui ajoute : « Je me dis : il y a de belles choses... il faut que je n'perde pas courage. »

À La Borde aussi, il y a « de belles choses »... « Est-ce qu'on quitte jamais La Borde ? Il y a ceux qui guérissent, grandissent, vont rejoindre une vie raisonnable et particulière, mais il leur reste au cœur le poinçon d'une nostalgie, une inapaisable exigence. »

Heureux les exigeants. Les témoins d'abîme. Les doux. Les fous. Le « magnificat » de Sophonie les chantait déjà, six cents ans avant Marie :

« Je laisse en tes entrailles un peuple humble et pauvre.

Ils s'abriteront dans le nom de Yahvé. »

6.

La supérette des trappistes

« Est-ce qu'une femme peut oublier son petit enfant, ne pas chérir le fils de ses entrailles ?
Même si elle pouvait l'oublier, moi, je ne t'oublierai pas. »

Isaïe 49, 14-15

« Qui d'entre vous, à force de souci, peut prolonger tant soit peu son existence ? »

Matthieu 6, 27

« Un cadre supérieur tue sa femme de trois coups de fusil de chasse alors qu'elle préparait le petit déjeuner. »

Le journal qui m'apprend la nouvelle ajoute qu'« ils habitaient une magnifique maison dans une petite vallée ». « Ils s'entendaient à merveille, disent les voisins, c'était un couple si calme. » Et encore : « Leur fille leur donnait beaucoup de joie. »

Lorsque cet homme, effondré, s'est présenté à la police, il a expliqué qu'il était surchargé dans le service de publicité qu'il dirigeait. Fatigué et hanté par son travail, il ne vivait plus. Son épouse lui aurait fait de gentils reproches sur ce rythme insensé. Alors, ses nerfs ont craqué...

Ne pas rater sa journée

« Qui d'entre vous, à force de souci, peut prolonger tant soit peu son existence ? » demande Jésus. Littéralement : « Qui d'entre vous, par son inquiétude, peut ajouter une seule coudée à la longueur de sa vie ? » « Regardez les oiseaux du ciel... Ne valez-vous pas beaucoup plus qu'eux ? »

Un oiseau !

Il en existe des myriades.

Au temps de Jésus, au marché, on en recevait deux pour un sou et cinq pour deux sous.

Mais au même marché, certains vieux esclaves se vendaient moins cher qu'un petit oiseau domestique.

Et aujourd'hui, qu'en est-il de certains marchés du monde ?

Jésus le sait bien. C'est pour cela qu'il insiste : « Vous valez bien plus. » On mesure donc qu'il ne fait pas ici de l'écologie au rabais. Il ne se moque pas du stress qui, souvent, nous enferme derrière nos propres barreaux, mais il vient nous révéler l'amour inouï d'un Dieu pour qui nous sommes bien plus précieux qu'un oiseau en cage : « Est-ce qu'une femme peut oublier son petit enfant, ne pas chérir le fils de ses entrailles ? Même si elle pouvait l'oublier, moi, je ne t'oublierai pas. Vois donc, je t'ai gravé sur les paumes de mes mains... »

Ainsi, loin d'inviter à l'insouciance du lendemain, ce passage d'Évangile souligne surtout l'engagement d'aujourd'hui. À une époque où les travailleurs étaient nombreux à devoir louer leur force de travail au jour le jour, Jésus mesure à quel point il importe de ne pas « rater sa journée ». Ce n'est pas « demain » qui compte pour un journalier mais « aujourd'hui » car c'est chaque jour qu'il faut se battre pour se faire embaucher. On comprend mieux, dans ce contexte, la demande du *Notre Père* : « Donne-nous aujourd'hui notre pain de ce jour. »

Libre service monastique

Pour le gagner, ce pain quotidien, et pour le gagner encore à l'avenir, des moines français ont découvert quels chemins surprenants pouvait emprunter parfois l'aujourd'hui de Dieu.

Spécialisés dans la production laitière mais condamnés à la fermeture pour cause de quotas européens, les quarante trappistes de Soligny-la-Trappe, en Normandie, ont troqué leurs cent vingt vaches contre une « supérette ». Huit frères font tourner ce libre-service monastique qui commercialise les produits d'une quarantaine de maisons religieuses. Et ça marche puisque après un an « la supérette des trappistes » avait déjà vu défiler plus de quarante mille clients !

D'accord, « la vie vaut plus que la nourriture ». C'est le Royaume qui compte, et sa justice. « Ne vous faites donc pas de souci », explique Jésus ; ne dites pas : « Qu'allons-nous manger ? » ou bien « Qu'allons-nous boire ? » Votre Père céleste sait que vous en avez besoin. Les moines de Soligny-la-Trappe aussi qui vous proposent, au choix, des fromages de Soligny, chocolats de Bonneval, pâtes de fruit des sœurs d'Échourgnac, charcuterie de Briquebec et boissons diététiques vitaminées des frères de la Sainte Famille...

L'histoire ne nous dit pas si, comme dans l'Évangile, « tout cela vous sera donné par-dessus le marché » !

7.

Pieds nus dans l'herbe

> *« Voyez les oiseaux du ciel (...)*
> *Regardez les lys des champs (...), gens de peu de foi !*
> *(« Nains de l'adhésion ! » traduit Chouraqui).*
> *Ne vous inquiétez donc pas du lendemain : demain s'inquiétera de lui-même. »*
>
> Matthieu 6, 24... 34

Pourquoi ce passage d'Évangile qui sent déjà bon le printemps suscite-t-il en moi des réserves, comme une résistance à me laisser gagner par sa « poésie » ? À cause d'un malentendu peut-être, parce qu'un mauvais goût de Providence me traîne encore dans la bouche. À quelles sauces ne l'a-t-on pas accommodé ce verset de Matthieu, pour rassurer à bon marché ou maintenir le statu quo ? Quand ce n'était pas la façon la plus vile d'acheter la résignation des pauvres : ne vous inquiétez pas ! Ne vous faites pas tant de mouron !

Ne pas s'inquiéter du lendemain ? Lorsque les impératifs de la société sont « avancer », « réussir », « rester compétitif ».

Ne pas s'inquiéter du lendemain ? Lorsque le Christ meurt dans la soute d'un navire, un camp de réfugiés et en d'autres calvaires, lorsque la solitude assassine des vieillards silencieux, lorsque le désespoir conduit des chômeurs, jeunes ou moins jeunes, à la dérive.

Ne pas s'inquiéter du lendemain ! Quelle injure pour ces hommes et ces femmes qui s'efforcent de faire naître « autre chose » ; quelle gifle à la figure de toutes celles et tous ceux qui cherchent, inquiets précisément, « le Royaume et sa justice ».

Si pas inquiet, s'abstenir

J'ai connu un petit journal modeste et bien fait, *Libre Évangile*, dont une des rubriques principales s'intitulait justement : « Si pas inquiet, s'abstenir » !

Sans tous ces gens qui nous crient aujourd'hui : « Casse-cou ! », « Halte à la destruction de l'environnement ! », qui nourrirait les oiseaux du ciel ? Et sans ces « combattants de la nuit » engagés dans des luttes aux issues incertaines, Dieu habillerait-il encore, demain, l'herbe des champs ?

Et si « ne pas s'inquiéter pour demain » était une des formes les plus fines de la présence au monde ? La distance aussi peut être un combat. N'a-t-on pas un urgent besoin de ces hommes et de ces femmes de recul, qui sont « dedans » tout en étant « dehors » ? Pas des déserteurs mais des gens « guéris de l'agitation », « loyalement contemporains et en même temps étrangers ».

« Qu'est-ce que tout cela peut bien nous faire qui n'a pas rapport à la crise, au niveau de vie, à la sécurité ? Rien, en effet. Mais peut-être que le bonheur est aussi dans le regard, une certaine attention aux étoiles, à l'herbe des champs [1]. »

Je sais que l'inquiétude peut être une forme de tendresse et je connais des impatients dont l'engagement, la violence même, expriment une grande affection. Mais je me dis aussi qu'il faut parfois, pour rester en éveil, marcher pieds nus dans l'herbe des champs.

---

1. Jean Sulivan, *Parole du passant*, Albin Michel, 1991.

8.

Quel vélo avez-vous choisi ?

« Si quelqu'un vient à moi sans haïr son père, sa mère, sa femme, ses enfants, ses frères et sœurs et même sa propre vie, il ne peut pas être mon disciple. »

Luc 14, 26

Cinq cents mètres d'ascension, un faux plat de trois cents mètres puis trois cents autres mètres à la verticale... le parcours idéal pour un costaud. C'est vrai, commente Eddy Merckx, ce championnat du monde « sera une épreuve exigeante. La chaleur se chargera de la première sélection mais la difficulté placée en fin de parcours fera immanquablement exploser le peloton. À l'évidence, ce sera un homme fort qui s'imposera ».

Le passage – très dur – que Luc propose au milieu de son chapitre 14 me fait penser au championnat du monde sur route pour cyclistes professionnels. Car il faut avouer que pour faire exploser le peloton des « grandes foules qui faisaient route avec lui », Jésus s'y entend comme pas deux :

« Celui qui ne hait pas son père, sa mère, sa femme, ses enfants... ne peut pas être mon disciple. »

« Celui qui ne porte pas sa croix pour marcher derrière moi ne peut pas être mon disciple. »

Mince alors ! Qui d'entre nous peut encore suivre dans ces conditions-là ? L'Évangile serait-il donc une sorte de championnat du monde réservé à des coureurs d'exception ? « Qui donc, Seigneur, peut encore courir l'Évangile avec toi si, même en côte, tu exiges cette cadence étouffante ? »

Plus légers que nous ?

Saint Luc dit « haïr », c'est vrai, mais au sens d'« aimer moins », de ne pas se laisser étouffer par son entourage. Il s'agit donc bien de provoquer la rupture, de s'échapper, de rompre avec les traînards, de ne pas se faire enfermer dans le peloton...

Il faut aussi se préparer, comme l'indiquent dans le texte lui-même les deux petites paraboles de la tour et de la guerre.

Jésus ne demande à personne de foncer seul, tête baissée, sans préparation. Au contraire. Avant de prendre la route, il importe de s'asseoir pour mieux examiner l'itinéraire, mesurer les difficultés, calculer la dépense et former son équipe. Comme avant de construire une maison. Le secret des grandes victoires ne tient-il pas souvent à la qualité de la préparation et à l'ambiance de l'équipe ?

Reste la question du vélo. Bien sûr, on ne choisit pas la même machine pour la piste ou pour la route, pour la montagne ou le contre-la-montre. Mais de toute façon, l'heure est à la légèreté. Pas de poids inutile :

« Celui d'entre vous qui ne renonce pas à tous ses biens ne peut pas être mon disciple. » « Tous ses biens », tout ce qui encombre, ralentit, empêche d'avancer ou de s'échapper... Et Dieu sait si cela coûte cher un vélo plus léger et plus aérodynamique !

N'en concluez pas trop vite que l'Évangile s'adresse uniquement aux futurs champions du monde. Sinon, comment expliquez-vous que tous ces estropiés, ces boiteux, ces aveugles et ces pauvres dont Luc parle juste avant, réussissent si bien à terminer la course ? Seraient-ils donc plus légers que nous ? Les « hommes forts » ne sont pas toujours ceux qu'on pense...

À propos, dites-moi : quel vélo avez-vous choisi pour le championnat du monde de l'Évangile ?

9.

Le hors-la-loi, l'âne et le sourd-muet

Jésus prit du pain, rendit grâce, le rompit et dit :
« Ceci est mon corps, donné pour vous. »

1 Corinthiens 11, 24

Quand deviens-tu quelqu'un ? demande Huub Oosterhuis. Lorsque tu prends part à la vie d'autres hommes et que tu peux jouer un rôle dans le bonheur d'un autre. C'est cela, vivre : s'user, vieillir, se consumer, se briser, mourir...

Lorsque Jésus dit à ses disciples : « Ceci est mon corps, ceci est mon sang ; faites ceci en mémoire de moi », cela signifie : « Usez-vous, brisez-vous, en mémoire de moi. »

Briser le pain, écrit Patrick Tiberghien, c'est rompre sa croûte, c'est écouter le cri des divisions. C'est communier à toutes les souffrances, être prêt à tous les partages, écouter le chant de Dieu dans le travail des hommes.

Ce pain brisé, ce grain moissonné, battu, frappé, moulu, me rappellent le récit que raconte l'étonnant romancier italien Ignazio Silone dans son livre *Le Grain sous la neige*. L'histoire, si proche de l'Évangile – on dirait une fable ou une parabole – se passe en Italie, vers 1936, en pleine période fasciste. Le moment que je voudrais évoquer ici concerne le personnage principal, Pietro Spina. Fils d'une grande famille paysanne, il rêve de concilier socialisme et christianisme authentiques, une synthèse qui n'est pas précisément au goût du jour ! Traqué par toutes les polices du pays, Pietro vit donc en hors-la-loi. Cerné de près par les gendarmes, il se réfugie dans une étable immonde et noire où il va partager, pendant un bout de temps, l'existence d'un âne et de quelques souris. Le hasard fait que le sourd-muet du village, Infante, découvre la cachette de Pietro, mais il garde le secret et vient souvent lui tenir compagnie. À vrai dire, il n'est sourd qu'à demi et, s'il n'a pas appris à parler, c'est parce que personne ne s'est occupé de lui. Depuis que sa mère est morte, les gens du village le maltraitent et s'en servent comme d'un mulet communal.

Co-pain

« Chaque soir, raconte Pietro, je l'attendais. Quand tout le village dormait, je l'entendais traverser la ruelle, trébucher, s'arrêter, se retourner, retirer la porte branlante de l'étable et entrer. Il s'étendait sur la paille entre l'âne et moi, et me murmurait quelquefois à l'oreille des monosyllabes incompréhensibles. J'avais, en somme, trouvé des compagnons. Compagnie, du reste, fut le premier mot nouveau qu'Infante apprit de ma bouche. Il savait déjà dire pain qu'il prononçait “pa-ain” ; je lui appris alors, par gestes, que des êtres humains qui mangent le même pain deviennent *cumpane*, copains. Le lendemain même, Infante me donna une preuve de son intelligence et de son plein accord avec ma façon de sentir en me montrant des souris qui gambadaient dans la paille à la recherche de miettes de pain, et en me murmurant à l'oreille : “Copains”. Et, à partir de ce moment-là, il se mit à offrir chaque jour à l'âne un croûton de pain pour qu'il fît partie de notre compagnie... »

Bien souvent, Jésus, lui aussi, partagea son pain en étonnante compagnie. Et, lorsqu'il prit le pain, le rompit et le donna à ses disciples, n'en faisait-il pas ses « co-pains » pour la vie éternelle...

IV.

Comme un flacon brisé

ÉLOGE DE LA DÉMESURE

Qu'est ce qu'une fidélité
qui ne vit pas d'amour fou ?
Comme si des arbres sans sève
allaient porter du fruit
de saison en saison !

André Haquin
et René Lejeune
À qui irions-nous, Seigneur ?

1.

Parfum de femme

Il se tourna vers la femme en disant à Simon :

« Tu vois cette femme ? Je suis entré chez toi, et tu ne m'as pas versé d'eau sur les pieds ; elle, elle les a mouillés de ses larmes et essuyés de ses cheveux. Tu ne m'as pas embrassé ; elle, depuis son entrée, elle n'a pas cessé d'embrasser mes pieds. Tu ne m'as pas versé de parfum sur la tête ; elle, elle m'a versé un parfum délicieux sur les pieds. »

Luc 7, 44-46

Comment est-elle arrivée jusqu'à Jésus, cette femme ? D'accord, ce que femme veut... Mais quand même ! Vous mesurez les obstacles qu'elle a dû franchir ? Dans son « milieu » d'abord dont l'Évangile laisse entendre qu'il était peut-être celui de la prostitution. Je devine ici le ricanement de ses « collègues ». Mais chez Simon ? Comment s'y est-elle prise pour forcer le barrage des domestiques et rejoindre la table des hommes ?

La vertu de gaspillage

Simon, « le Juste », appartient à l'un des grands courants spirituels du moment. Pharisien, oui, mais ouvert. Il veut donc voir et entendre ce Nazaréen contestataire que l'on dit prophète. Il l'invite à la maison.

L'irruption de la femme dans la salle à manger ne provoque pas seulement une perturbation matérielle. Au moment du débat qui s'était sans doute engagé entre Jésus et ses hôtes, c'est à une véritable perturbation intérieure, spirituelle, que donne naissance cette intrusion spectaculaire. Parce que la « saleté » surgit au cœur de la « sainteté ». Et parce que la grâce surabonde honteusement là où les « sept démons » se la coulaient douce...

Il y a dans cette histoire une provocation inouïe, comme si l'Évangile qui a déjà loué quelque part l'intendant filou se mettait maintenant à bénir le luxe et la démesure. Parce que enfin – ai-je mal lu ? – Jésus se réjouit que la femme se jette à ses pieds, qu'elle les caresse de ses lèvres et de ses cheveux et qu'elle répande sans compter ce parfum de grand prix. Comme s'il y avait une vertu de gaspillage et comme si la grâce devenait soudain sensuelle.

Le parfum de Dieu

Simon, mon aîné, mon frère, n'a commis aucun péché spectaculaire. Il s'offusque sincèrement de l'audace de cette femme qui vient « souiller » sa maison et plus encore de l'audace de Jésus qui accepte ses marques de tendresse, comme le fils aîné de la parabole s'offusquait de voir son père aussi chaleureux envers ce cadet indigne. Lui qui a cultivé toute sa vie la réserve et la sobriété, comment pourrait-il accepter ces débordements de baisers et de parfum de luxe ?

Simon n'est pécheur que par omission. « Tu ne m'as pas versé d'eau sur les pieds, dit Jésus. Et tu ne m'as pas embrassé. Tu ne m'as pas versé de parfum sur la tête. Elle, oui. »

A-t-il compris, Simon ? Vraiment compris cette histoire d'amour fou ? Et qu'à la démesure du pardon ne pouvait répondre qu'une démesure d'affection ? A-t-il compris qu'au-delà de ce parfum de femme – était-ce de l'aloès mélangé à la myrrhe, ou du cinnamome, ou du patchouli ? – Jésus voulait surtout parler de la grâce du pardon que nous portons nous aussi dans des vases précieux et qu'il nous invite à verser sans compter : le parfum de Dieu ?

2.

Il a fait stopper l'avion

« Est-il permis à un mari de répudier sa femme ? »

Marc 10, 2

« Sur l'aéroport du Caire, un avion s'ébranle sur la piste. Il va s'envoler pour son pays lointain. Parmi les passagers, un groupe d'études qui part en mission, conduit par une femme. Soudain, l'avion s'immobilise : un ordre vient de retentir dans la cabine de pilotage. Que se passe-t-il ?

« Le mari de la personne qui conduit le groupe est au bureau de l'aéroport. Depuis des années, il vit séparé de sa femme. Mais il a toujours des droits sur elle. C'est lui qui vient de faire stopper l'avion. Pourquoi ? Il invoque le règlement devant les autorités : les femmes égyptiennes ne peuvent quitter le pays sans l'autorisation de leur père ou de leur mari. »

Bien sûr qu'il est permis

Ce n'est pas seulement une « histoire égyptienne » que raconte ici Hyacinthe Vulliez. Cette domination masculine sévit encore sous bien des latitudes. Une domination très présente aussi dans la société juive au temps de Jésus. Le vrai débat de l'époque n'était d'ailleurs pas : « Est-il permis de renvoyer sa femme ? » Bien sûr qu'il est permis ! Quelle question ! Mais « dans quelles circonstances ? » Ça, oui, on en discutait. Et les opinions se divisaient en deux écoles, deux tendances.

La première, celle du rabbin Schammaï, disait que pour renvoyer sa femme il fallait que le mari puisse lui reprocher « quelque chose de honteux ». Sous-entendu : une faute dans le domaine de la sexualité.

Mais selon l'autre école, celle du rabbin Hillel – c'était la tendance suivie dans le grand public – il suffisait de lui reprocher « quelque chose ». Comme dit Ghislain Pinckers, si la femme laissait brûler les plats sur le feu par exemple, son mari pouvait la renvoyer !

Les pharisiens se fichent donc éperdument de la réponse de Jésus. Ce qu'ils veulent, c'est le coincer, l'enfermer dans le petit jeu du « permis-défendu », l'acculer à choisir entre deux écoles ; ainsi, quelle que soit l'opinion à laquelle il donnera son appui, il se fera des ennemis.

La fidélité des cimetières

Comme souvent, Jésus va dépasser la loi : « Si une femme répudie son mari et épouse un autre homme, elle commet un adultère. Mais si un homme épouse une autre femme et répudie la sienne, il commet aussi un adultère. » Et encore : « Il les fit homme et femme... Dès lors, ils ne seront plus deux, mais une seule chair. »

C'est l'éclatement. Jésus élargit le débat sur l'égalité entre l'homme et la femme et renvoie du même coup les sacristains de la vertu à leurs tristes calculs. Quel bouleversement pour ses contemporains ! Pour eux, seulement ?

Quelle peine nous avons à dépasser la « fidélité des cimetières », statique et amidonnée. Quelle difficulté aussi à vivre, ensemble, les deux exigences évangéliques de « ne pas séparer » et d'accueillir réellement ceux et celles qui, pour des tas de circonstances, n'ont pas réussi à vivre cet idéal.

Comme on voudrait voir et entendre une Église, des communautés, plus sereines, plus détendues, plus « croyantes » sur ce terrain-là.

Il y a trop de chrétiens qui font encore stopper les avions, comme le mari à l'aéroport, en invoquant le règlement devant les autorités...

3.

Que cette danse soit légère ou pesante...

« Ce que Dieu a uni, que l'homme ne le sépare pas. »

Marc 10, 9

« Alors Almitra parla de nouveau et dit : Et le mariage, Maître ?

Et il répondit en disant :

Vous êtes nés ensemble et ensemble vous resterez pour toujours,

Mais qu'il y ait des espaces dans votre communion (...).

Emplissez chacun la coupe de l'autre mais ne buvez pas à une seule coupe.

Partagez votre pain mais ne mangez pas de la même miche.

Chantez et dansez ensemble et soyez joyeux, mais demeurez chacun seul. »

Cette part de solitude

Il y a dans ce texte du *Prophète* de Khalil Gibran un souffle, une présence, des accents que je voudrais parfois trouver dans les documents officiels de l'Église lorsqu'ils parlent de fidélité. J'aimerais, oui, qu'ils m'expriment plus l'avenir que le passé, comme dans l'engagement de ce garçon qui disait un jour à l'élue de son cœur : « Je promets d'être envers toi, chaque jour, un peu différent. »

« Rester ensemble pour toujours », « Ne pas séparer ce que Dieu a uni », ce n'est donc pas s'engager à rester « constant », à perpétuer un amour déjà fait mais s'engager à « faire l'amour », le construire dans le quotidien, lui donner des racines, lui bâtir un espace de liberté où il puisse danser.

« Chantez et dansez ensemble et soyez joyeux, mais demeurez chacun seul. »

Oui. Seul.

Parce qu'il n'y a pas de fidélité possible sans une distance dans la communion.

Parce qu'il n'y a pas d'amour durable sans le consentement à cette part de solitude qui est en l'autre, qui est en nous.

Parce qu'il n'y a pas de musique nouvelle sans une attention à ces petites notes qui murmurent très profond, en chacun de nous.

Le droit à l'échec

Mais quand le murmure devient inaudible ?

Je pense à ces consentements qu'un jour, en Bretagne, Loïc et Maïté ont échangés :

« Maïté, veux-tu devenir ma compagne pour danser notre vie tout au long des jours ?

— Oui, Loïc, que cette danse soit légère ou pesante, je veux être ta compagne. »

Il arrive parfois, c'est vrai, que la danse soit devenue pesante, mais il arrive aussi, et de plus en plus, que des couples ne parviennent même plus à danser.

Peut-être faudrait-il d'abord le reconnaître au lieu d'afficher envers et contre tout « cet optimisme chrétien qui confine à l'orgueil ». Je partage, à ce propos, la vue de Pierre Arnold lorsqu'il dit l'urgence de plaider dans l'Église pour la réhabilitation du droit à l'échec, qui est tout sauf un droit à la facilité mais l'attention évangélique aux plus blessés d'entre nos frères et sœurs : « la restauration de l'homme et de la femme dans leur humanité ne se réalise pas en faisant fi de leurs blessures ».

« Ne pas séparer ce que Dieu a uni », c'est donc aussi regarder les blessures et tenter de les soulager. C'est encore, pourquoi pas ? réapprendre un petit pas de danse à ceux qui se croyaient exclus de la piste... pour toujours.

4.

T'aimer malgré l'hiver

> *« Pardonne à ton prochain le tort qu'il t'a fait. »*
>
> Ben Sirac le Sage 28, 2

Au petit matin, Abou Ali, l'un des deux gardiens du Djihad islamique, pénètre dans la geôle de Jean-Paul Kauffmann et lui tend la main. C'était le 4 mai 1988. Prisonnier depuis trois ans dans des conditions épouvantables, le journaliste français la lui prend en disant : « Kahlas, c'est fini, je te pardonne ! »

À Claude Goure qui lui demande, lors d'un entretien, comment on peut pardonner ainsi à quelqu'un qui vous a retenu si longtemps, si injustement et dans des conditions si inhumaines, Jean-Paul Kauffmann répond : « Je ne fanfaronne pas : c'est difficile de pardonner à ses ennemis et ce fut difficile pour moi aussi (...).

« Mais c'est là, précisément, où le christianisme, à

mon sens, recèle quelque chose de corrosif qui le distingue radicalement des autres religions : il est la religion du pardon ! »

Justice pour Cécile

Dans une garrigue, près de Montpellier, Mahmoud Belfikh a tué la petite Cécile âgée de onze ans. Il est marocain. À l'appel du Front national, des centaines de personnes réclament « Justice pour Cécile » et exigent le rétablissement de la peine de mort. Malgré leur immense douleur, les parents de Cécile se désolidarisent publiquement de cette manifestation raciste et déclarent : « Pour d'autres enfants, le bourreau se prénommait Pierre, Paul ou Jean. Nous dénions à quiconque le droit de mêler le nom de Cécile à d'odieuses tentatives de récupération. »

Didier est père de quatre enfants. L'an dernier il a tué sa femme Dominique. Aux assises, face à lui, Geneviève raconte. Elle raconte les qualités professionnelles de son gendre. Elle raconte l'amour que Dominique et Didier se sont porté pendant dix-sept ans. Et elle demande au tribunal sa compréhension.

Didier est condamné à six ans de détention. En accord avec lui, Geneviève garde ses quatre petits-enfants qu'elle emmène régulièrement à la prison. Elle veut qu'ils sachent la vérité. Elle veut la justice, oui, mais pas la haine. Et qu'ils grandissent avec l'image la plus digne possible de leur père.

Donner ce qu'on n'a pas

Ridicule cette dignité ? Inadmissible cette compassion ? Scandaleux ce pardon ? Beaucoup le pensent, en effet. Aujourd'hui, dans notre société de compétition, « si vous ne rendez pas à l'autre la crasse qu'il vous a faite, vous passez pour un mauvais professionnel ou pour une lavette » dit encore Jean-Paul Kauffmann qui ajoute : « Nous vivons dans un monde "sanglant à froid" (...). Et c'est précisément la prodigieuse originalité de l'Évangile d'affirmer, face à la férocité du temps, que l'amour finalement a le dernier mot. »

Encore faut-il être capable de cet amour-là. Où trouver la force de tendre la main ? La force d'accepter, surtout, la main de l'autre ?

Dans sa propre pauvreté, répond l'Évangile. Dans son propre manque. Dans sa propre béance.

Pardonner. Donner par-delà. Donner ce qu'on n'a pas. Même Freud l'a dit : « L'amour rend pauvre. »

« T'aimer
En ne fuyant pas l'hiver,
en acceptant ma part de morsure », écrit Stéphane Arnould.

Et Jean Mambrino :
« Une poignée de vent
empêche la main de se fermer. »

5.

Dieu n'y connaît rien à la TPA

« Seigneur, quand mon frère commettra des fautes contre moi, combien de fois dois-je lui pardonner ? Jusqu'à sept fois ? »

Matthieu 18, 21

Je me demande vraiment où Dieu a appris le calcul. Sûrement pas à la « Catho » de Paris ! Car le moins qu'on puisse dire, c'est que sa manière de compter n'est pas très catholique... Aussi, je comprends fort bien que le ministre de l'Éducation nationale qui a peut-être lu un jour la parabole du débiteur impitoyable, n'ait pas retenu la mathématique divine dans les options de l'enseignement rénové. Voyez plutôt.

On amène au roi – entendons à Dieu – un fonctionnaire qui lui doit dix mille talents, c'est-à-dire soixante millions de pièces d'argent. Une fortune, quoi ! (le roi lui-même recevait neuf cents talents par an). Affolé devant la perspective de l'esclavage, ce serviteur promet l'impossible : il va rembourser ! Mais le roi « saisi » de pitié (mieux : ému jusqu'aux entrailles) le laisse aller et lui remet sa dette.

En sortant, le serviteur rencontre un compagnon qui lui doit cent pièces d'argent. Ce n'est pas rien puisqu'une pièce d'argent représentait le salaire d'une journée pour un travailleur agricole. Mais l'important ici, c'est le contraste entre les deux dettes : la seconde est six cent mille fois moins élevée que la première ! Et pourtant, ce serviteur qui n'en a plus besoin réclame son dû jusqu'au dernier centime.

Révoltant ! En stricte justice, le fonctionnaire du roi n'a pas commis la moindre faute. On lui a remis sa dette, bien sûr. C'eût été élégant qu'il en fît autant ! D'accord. Mais rien ne l'obligeait à la même attitude, réglementairement parlant. D'ailleurs ne dit-on pas que « les bons comptes font les bons amis » ?

Incalculable

Alors ? Il n'y a plus de morale ? Si. Il y a une « autre » morale. À une époque où la justice consistait (consiste ?) à « faire payer », l'Évangile propose une nouveauté radicale comme l'exprime déjà le dialogue qui ouvre la parabole : « Seigneur, quand mon frère commettra des fautes contre moi, combien de fois dois-je lui pardonner ? » demande Pierre à Jésus. « Jusqu'à sept fois ? » Pierre fait là une proposition exceptionnellement généreuse quand on sait que les rabbins les plus « progressistes » de l'époque allaient jusqu'à quatre fois, grand maximum. Mais Jésus reprend : « Je ne te dis pas jusqu'à sept fois », ce qui est déjà parfait, « mais jusqu'à soixante-dix fois sept fois ». Comment mieux dire que le pardon ne se mesure pas ? Il est incalculable, parce que le pardon n'a pas de prix. Pourquoi, dès lors, s'évertuer à faire de Dieu un vérificateur aux comptes, boutiquier à la petite semaine, inspecteur du ministère des Finances ou collecteur d'impôts, lui qui, au grand désespoir de Matthieu, fait des erreurs dans toutes ses additions !

Quelle chance pour les gens insolvables que nous sommes : Dieu n'est pas fort en maths. Et de plus, il n'y connaît rien à la TPA (Taxe sur le péché ajouté) !

6.

Attention :
un miracle peut en cacher un autre

Alors, ils ramenèrent les barques au rivage et, laissant tout, ils le suivirent.

Luc 5, 11

Combien étaient-ils, ce jour-là, au bord du lac de Génésareth, entre Magdala et Capharnaüm ? Deux dizaines ? Trois ? Oui, je sais, l'Évangile de Luc dit que « la foule se pressait autour de lui pour écouter la parole de Dieu ». Mais justement, c'est énorme trente personnes ! D'autant plus qu'il y en avait des rabbins, dans le coin, en ce temps-là. Et puis, où l'aurait-on mise cette « foule » ? Comme le souligne un bon connaisseur de la Palestine, le père Brunot, Jésus se trouvait sans doute, comme souvent, dans une de ces criques minuscules – il y en a des tas au bord du lac – où les gens se regroupaient pour mieux entendre le rabbin de passage. Il s'asseyait alors dans une barque, à quelques mètres de la plage, pour parler dans de bonnes conditions acoustiques.

Sadisme évangélique

Quand il eut fini de parler, il dit à Simon : « Avance au large, et jetez les filets pour prendre du poisson. » Ça alors ! En plein jour ! Eux qui ont « peiné toute la nuit sans rien prendre ». Et maintenant que leurs filets sont lavés, ils devraient les resalir pour des prunes ! Si encore il était du métier. Mais pas du tout. Lui, le charpentier, l'homme du bois, incompétent en la matière, vient les frapper au cœur de leur compétence professionnelle.

Par quel miracle ces hommes rudes et expérimentés acceptent-ils d'obéir à ce jeune rabbin qui n'y connaît rien ? Toujours est-il qu'ils les relancent, leurs filets. Et au moment même où ils posent ce geste que désapprouve leur expérience... l'abondance ! « Ils prirent une telle quantité de poissons que leurs filets se déchiraient. » Re-miracle et panique à bord : « Seigneur, éloigne-toi de moi », s'écrie Simon-Pierre. À quoi Jésus répond : « Sois sans crainte, désormais ce sont des hommes que tu prendras. » Comment ça ! Ils ne vont même pas jouir de cette pêche miraculeuse et s'adonner enfin à quelques mémorables fritures ? C'est du sadisme évangélique...

Si encore on en avait fait quelque chose de ces poissons. Je ne sais pas, moi. On aurait tout de même pu les donner, remarque Gérard Bessière, ou alors les vendre et verser la somme au Secours catholique ! Mais non : « Laissant tout, ils le suivirent. »

Le plus grand miracle

Dans l'Évangile, l'abondance est souvent le signe du départ, d'un nouveau commencement. Comme à Cana. Comme pour le pardon de Marie-Madeleine. Comme dans la guérison du paralytique. Comme à la multiplication des pains. Au moment où ça réussit, il est temps de partir plus loin...

Encore faut-il vivre cet arrachement qui n'a rien d'évident. Voilà sans doute le plus grand miracle dans cette affaire : avoir obtenu de Pierre, Jacques et Jean qu'ils laissent là leurs filets, qu'ils abandonnent un métier qu'ils connaissaient bien pour une aventure à propos de laquelle ils n'avaient reçu aucune garantie.

Ce qui frappe dans toute cette histoire, écrit Amédée Brunot, c'est l'infinie disproportion entre ce qui s'est passé là et ce qui a suivi. Qui aurait pu imaginer que cette vaste aventure parte d'une petite crique, d'un Dieu enfoui en un milieu si modeste, livré à la fragilité d'une barque, et qui confie ses secrets à des hommes aussi rudes que ces pêcheurs-là ?

7.

Une rivière vous attend

Fatigué par la route, Jésus s'était assis tout simplement au bord du puits.
Il était environ midi. Arrive une femme de Samarie qui venait puiser de l'eau.
Jésus lui dit : « Donne-moi à boire. »

Jean 4, 6-7

Il fallait être Dieu pour inventer cette rencontre impossible.

Impossible, d'abord, parce que personne en Palestine ne met le nez dehors à cette heure-là. Sauf les touristes, dit Jean Debruynne !

Impossible, surtout, parce que Jésus et la Samaritaine, c'est le jour et la nuit.

Il est juif... Elle est samaritaine. Elle provient d'un peuple bâtard qui avait organisé un culte tout différent et faisait cavalier seul depuis près de six siècles. Lorsqu'un Juif disait à quelqu'un « Samaritain ! », il puisait vraiment bas dans son répertoire à injures.

Il est homme... Elle est femme. Et cela ne se faisait pas, à l'époque, de parler ainsi en public à une femme au travail. D'ailleurs les disciples étaient « surpris », nous dit pudiquement l'Évangile. Surpris ? Scandalisés, vous voulez dire ! Leur rabbi qui parle à une divorcée remariée cinq fois ! Provocante par-dessus le marché, et hérétique avec tout ça ! Dieu dépendant d'une fille publique pour un verre d'eau...

Le murmure d'un amour possible

Le plus étonnant, c'est que la femme ne se laisse pas faire. Choquée, Madame ! « Comment ! Toi, un Juif, tu parles à une Samaritaine ? On aura tout vu... » Et lorsque Jésus lui propose l'eau vive, elle réplique avec ironie : « Donne-la-moi, ton eau miraculeuse : que je n'aie plus soif, et que je n'aie plus à venir ici pour puiser. »

La Samaritaine qui en a vu d'autres s'est peut-être durcie dans toutes ses aventures, alors elle se défend, sarcastique, le verbe haut. On ne le lui fait pas, le coup du verre d'eau ! Mais cette belle résistance va s'écrouler parce que Dieu a vraiment soif.

On a souvent dit que la Samaritaine s'était convertie car Jésus avait deviné son passé. Allons donc ! Tout le monde savait bien qu'elle avait plein d'amants. Ce qui la convertit, c'est la petite phrase : « Si tu savais le don de Dieu. » Oui, si tu savais comme Dieu a soif de toi, comme tu aurais soif de lui ! commente Ghislain Pinckers qui ajoute : « Il a fait résonner pour elle le murmure d'un amour possible. »

Quel amour possible ou impossible sommes-nous encore capables de faire murmurer ?

« Un jour tu verras le Nom de l'invisible écrit sur l'eau vive.

Alors, recueille délicatement cette eau dans la paume de tes mains.

Et bois-la.

Un jour, tu verras dans les yeux vides de ton conjoint une rivière qui t'attend. Alors, approche tes lèvres de ses paupières. Et bois leur silence [1]. »

« Vous tous qui êtes assoiffés, venez vers les eaux » dit le prophète Isaïe. « Même si vous n'avez pas d'argent, venez sans payer. Venez et buvez du vin et du lait. » Ou de l'eau vive si vous préférez. Mais buvez, que diable ! Une rivière vous attend.

1. Alain Houziaux, *Paraboles au quotidien*, Paris, Cerf, 1988, p. 65.

8.

Le chasseur d'histoires

Il ne leur disait rien sans employer des paraboles.

Marc 4, 33

Connaissez-vous « Monsieur Pavel » ? Moi, je l'ai rencontré pour la première fois au milieu de dizaines d'enfants.

Monsieur Pavel est un chasseur. Mais, attention, un chasseur très particulier : un chasseur d'histoires. Vêtu d'un vieux manteau à tiroirs et poussant une charrette magique, il est accompagné d'une fée grognon, d'une petite fille venue du froid, d'un mangeur de bisous et d'un gentil loup dompteur de cravates... Et tous les quatre rêvent d'entrer dans une histoire. Mais il faut trouver l'occasion. Monsieur Pavel consulte alors son coquillage, un coquillage-détecteur d'histoires qui vibre très fort ce jour-là [1]...

---

1. *Monsieur Pavel* est un spectacle du Théâtre Isocèle, joué par Philippe Léonard.

Il a perdu la tête

Vous vous demandez peut-être où je veux vous emmener ? En bordure d'Évangile, tout simplement, au pays d'un autre chasseur d'histoires. Parce que c'est bien ainsi que « Monsieur Jésus » travaillait, revêtu lui aussi d'un manteau à tiroirs... D'ailleurs, les siens s'en inquiétaient et cherchaient à se saisir de lui, dit saint Marc, car ils affirmaient : « Il a perdu la tête. » Pour les scribes, c'était pire encore : « Il est possédé par Béelzéboul. » Mais lui continuait à leur raconter de nombreuses histoires. L'Évangile précise même qu'« Il ne leur disait rien sans employer des paraboles ».

Comme « Monsieur Pavel », Jésus se fait « passeur ». Avec lui, Zachée, Madeleine, la Samaritaine ou Matthieu entrent dans l'histoire. Et par la magie du conteur, l'auditeur y entre avec eux. Dans le respect du mystère. Car la parabole, justement, n'est pas faite pour « expliquer » le mystère mais pour inviter à une recherche, pour conduire à un retournement, pour mettre en route en direction de l'enfance.

Malheur à vous, scribes et pharisiens, qui avez perdu vos coquillages-détecteurs d'histoires.

« Malheur à la société qui perd son conteur car elle perd du même coup son enfance. » (Wim Wenders)

« Je te loue, Père, d'avoir caché cela aux sages et aux savants et de l'avoir révélé aux tout petits. » (Luc 10, 21)

Je te loue plus encore, Père, lorsque le savant est si sage qu'il se met à raconter des histoires aux tout petits. Comme Michel Serres, par exemple, ce jeune académicien et philosophe des sciences, lorsqu'il évoque la « parabole » de la guerre du Golfe.

Bombarder le Paradis !

« La première nuit, raconte Michel Serres, nous avons mis dix-neuf mille tonnes de bombes entre le Tigre et l'Euphrate. Il me semble qu'entre le Tigre et l'Euphrate, il y a un endroit nommé l'Éden, c'est-à-dire le lieu d'où les trois monothéismes, qui se font face dans cette guerre, sont d'accord pour dire que l'humanité a commencé. C'est un lieu primitif et nous nous y adonnons aux actes les plus primitifs. (...)

C'est notre origine absolue ! Et nous nous payons la régression la plus fantastique du siècle en y portant la violence la plus archaïque. (...) C'est une régression au sens à la fois chronologique et animal. Bombarder le Paradis, quel symbole ! (...) C'est le symbole du "Paradis perdu". Évidemment nous l'avons perdu. Nous avons perdu. »

Et dans ce « Paradis perdu », Dieu, nous devons le protéger, poursuit Michel Serres. « Dieu est notre pudeur. » « Je ne crois pas qu'Il soit infiniment puissant. Ce qu'Il a d'infini, c'est sa fragilité. Aussi, ne peut-il être protégé que dans ce qu'il y a de plus caché en nous [1]. »

C'est peut-être pour cela, surtout, que Jésus racontait des histoires : pour protéger Dieu.

1. Interview accordée à Jean-Pierre Manigne dans l'ARM du 15 mars 1991.

V.

Comme un argent risqué

ÉLOGE DU PROFIT

De nos mains germeront des gestes gratuits, sans intérêt, n'attendant rien en retour, ne rapportant rien et n'augmentant pas le revenu.

Charles Singer, *Prier.*

1.

OPA sur le Temple

Il fit un fouet avec des cordes
et les chassa tous du Temple
ainsi que leurs brebis et leurs bœufs.

Jean 2, 15

Imaginez une seconde qu'un homme surgisse en plein débat télévisé, chasse du plateau les Albert Frère, Thierry Desmarest et autres Nicolas Sarkozy, renverse les tables des invités, jette par terre les parts de réserve et dise aux journalistes médusés : « Enlevez cela d'ici. »

Quelle affaire dans le studio !

Et quelles manchettes dans les journaux du lendemain...

Il secoue les « petits porteurs »

À l'époque de Jésus, l'affaire des marchands du Temple a dû provoquer, elle aussi, quelques remous. D'autant plus que ces vendeurs opéraient en pleine légalité : ils avaient l'accord des prêtres.

Installés dans les parvis extérieurs, en bordure du sanctuaire, les marchands rendaient même de sacrés services en proposant brebis et bœufs pour les offrandes. Sans oublier les colombes pour les moyens modestes.

Vous ne voyez quand même pas tous ces pèlerins juifs qui venaient parfois de très loin, emporter en voyage le bœuf du sacrifice ! Normal, donc, de pouvoir acheter la victime à l'entrée du lieu saint. Et comme on faisait usage dans le Temple de la monnaie tyrienne, il fallait bien que les pèlerins puissent échanger leurs devises quelque part.

Jésus savait tout cela. Lui, le « doux », va pourtant se fabriquer un fouet...

À première vue, il secoue surtout les « petits porteurs » mais c'est tout le système qu'il veut mettre en cause. Il vient bouleverser l'économie du Temple parce qu'il veut libérer Dieu trois fois prisonnier : des pierres, des rites et des sacrifices.

Offre publique de rachat

En chassant les marchands, Jésus veut libérer Dieu des pierres. Il dit qu'on n'assigne pas Dieu à résidence. Même pas à résidence sacrée. Il dit que Dieu n'est plus dedans mais dehors. Hors les murs.

En faisant un fouet, Jésus veut libérer Dieu des rites. Il refuse le cinéma médiatique et la garde à vue dans les prescriptions.

En renversant les tables, Jésus veut libérer Dieu des sacrifices. Il dit qu'on ne trafique pas Dieu, qu'on n'oblige pas Dieu à récompenser. Dieu ne se négocie pas. Ne se rachète pas. Ni avec des brebis, ni avec des bœufs. Pas même avec 30 % des parts de réserve.

« Quel signe peux-tu donner pour justifier ce que tu fais là ? lui demandent alors les Juifs.

— Détruisez ce temple, dit Jésus, et en trois jours je le relèverai.

— Comment ! Il a fallu cent cinquante ans pour édifier ce monument de notre économie, un des plus prestigieux du pays, et toi en trois jours tu le relèverais ! »

Mais le Temple dont il parlait, c'était son corps. Et le signe qu'il proposait, le signe de la Croix. Une offre publique de rachat en quelque sorte. Une nouvelle économie des rapports entre Dieu et l'homme. Pour que l'homme ait la vie, et qu'il l'ait en abondance.

2.

À travail inégal, salaire égal

« Allez, vous aussi, à ma vigne. »

Matthieu 20, 7

Heureusement pour Jésus qu'à l'époque où il a raconté cette histoire, il n'y avait pas encore de syndicats ! Sans quoi il se serait retrouvé au tribunal du travail. Et il en aurait eu, de la peine, à justifier son nouveau slogan : « À travail inégal, salaire égal. »

Avouez quand même que pour les ouvriers de la première heure, il y a vraiment de quoi râler ! Au travail dès la pointe du jour, ils ont fait douze heures, en plein soleil, et cela, pour une pièce d'argent. Pas de quoi pavoiser. Juste le minimum vital. Or, voilà que des gens engagés en dernière minute, pour une heure – et encore, à 5 heures du soir, quand il fait plus frais – reçoivent exactement le même salaire. « D'accord, disent-ils, le patron a respecté son contrat avec nous, mais eux ne devaient toucher qu'un douzième. Un scandale ! »

Bien sûr que ce n'est pas juste ! Mais si Dieu était « juste », qu'en serait-il des laissés-pour-compte, des improductifs de la société ?

« Vers cinq heures, dit l'Évangile, il sortit encore, en trouva d'autres qui étaient là et leur dit : "Pourquoi êtes-vous restés là, toute la journée, sans rien faire ?" Ils lui répondirent : "Parce que personne ne nous a embauchés." Il leur dit : "Allez, vous aussi, à ma vigne." »

Combien sont-ils aujourd'hui, jeunes et moins jeunes, à « rester là, toute la journée, sans rien faire » ? De leur faute ? Parce qu'ils ont un poil dans la main ? Parce que « c'est encore plus intéressant de chômer » ? Vous ne croyez pas que la grande majorité d'entre eux peuvent répondre, comme hier : « parce que personne ne nous a embauchés » ?

Un propriétaire capricieux

Cette étonnante parabole, on peut évidemment l'interpréter dans une seconde perspective. Il y a gros à parier que Matthieu voit surtout dans les ouvriers de la première heure ses frères juifs et, plus particulièrement, les scribes, les prêtres, les pharisiens, ceux qui depuis toujours respectent la Loi, pratiquent avec minutie, accumulent les bonnes œuvres, mais en ayant bien soin de facturer leurs heures supplémentaires. Ces « anciens », ces « fidèles » se sentent un peu un droit d'aînesse sur Dieu. C'est humain. Ils trouvent juste, normal, que Dieu les récompense un peu plus. Comme si l'amour de Dieu était proportionnel aux prestations effectuées ! Mais voilà le hic : la vigne du Seigneur n'est pas très adaptée aux règles du marché. Le patron ne cherche pas la rentabilité à tout prix. Il ne regarde pas à la dépense et tient bien peu compte de la concurrence. C'est absurde d'engager des hommes à la dernière heure. Et encore plus absurde de les payer au tarif de la journée entière. Oui. Comme c'est absurde de parler à la Samaritaine. Absurde d'accueillir Marie-Madeleine. Absurde d'engager Matthieu, un voleur connu, Pierre, un lâche et Paul, un persécuteur. C'est absurde de faire la fête pour un fils gaspilleur et de courir après une brebis égarée en oubliant qu'il en reste quatre-vingt-dix-neuf à surveiller…

Si nous avons peine à encaisser l'attitude de ce propriétaire capricieux qui paie en dépit du bon sens, l'attitude de ce Dieu qui se met à dépenser sa grâce sans compter, c'est peut-être que nous avons une religion trop étroite, trop calculatrice… ou que nous n'avons jamais été au chômage !

3.

Viticulteurs, père et fils

> *« Ce qui fait la gloire de mon Père, c'est que vous donniez beaucoup de fruit. »*
>
> Jean 15, 8

Imaginez un patron viticulteur, PDG d'une florissante affaire familiale, qui vient de placer son fils unique à la tête d'une centaine d'hectares de belles vignes, quelque part dans les côtes du Rhône ou le Bordelais.

Imaginez ce fils, « jeune cadre dynamique », séduisant, un rien paternaliste, haranguant ainsi les ouvriers de papa : « Moi, je suis la vraie vigne, mon Père est le vigneron et vous les sarments. Demeurez en moi, comme moi en vous. De même que le sarment ne peut pas porter du fruit par lui-même s'il ne demeure pas sur la vigne, de même vous non plus, si vous ne demeurez pas en moi. Celui qui demeure en moi, et en qui je demeure, celui-là donne beaucoup de fruit, car, en dehors de moi, vous ne pouvez rien faire. Ce qui fait la gloire de mon Père, c'est que vous donniez beaucoup de fruit. »

Étonnant ce couplet évangélique à la louange de la rentabilité. Jésus ne parle-t-il pas cinq fois en quelques lignes de « porter du fruit » ? Et malheur aux improductifs : « Tout sarment qui ne porte pas de fruit, mon Père l'enlève. Il est jeté dehors et se dessèche. »

Après le marchand de perles fines qui vend tout pour acheter une perle de grand prix, après le serviteur invité à jouer en Bourse les talents de son Maître, après le semeur convié à produire du trente, du soixante et même du cent pour un, voici le vigneron appelé, lui aussi, aux horaires épuisants et aux cadences infernales au nom du seul commandement de la société d'abondance : produire !

Raisin sans frontière

Le plus surprenant dans toute cette histoire, c'est que les viticulteurs y ont cru ! Si bien que de la Grèce à l'Espagne en passant par la France et par l'Italie, ils se sont mis à produire, produire, produire un raisin généreux. Et leurs fruits devinrent si abondants que soudain, contrairement à Cana, ils eurent trop de vin ! À tel point qu'un jour des viticulteurs en colère se sont mis à en déverser des citernes entières sur les routes...

Vous direz que le Fils n'avait pas prévu ce développement anarchique du marché. À moins qu'il ait voulu parler d'une autre « productivité », d'un raisin sans frontière, d'une vigne qui ne connaisse plus l'agression de la concurrence et le dumping des prix ?

C'est que, d'après Jésus, celui qui « porte du fruit » ne joue pas nécessairement selon les règles de Maastricht. Dans l'Évangile, cinq pains et deux poissons nourrissent une foule immense et le grain de sénevé, la plus petite de toutes les graines, peut devenir la plus grande des plantes potagères, un arbre même, au point que les oiseaux du ciel viennent s'abriter dans ses branches... Un simple sarment qui demeure en Jésus peut produire ce beau raisin qui fait la gloire de son Père, ce vin abondant et gratuit dont parlait déjà Isaïe, qui réjouira le cœur des Européens, par-delà les frontières.

4.

Le compte en banque de Jésus

« Alors il fallait placer mon argent en banque ; et, à mon retour, je l'aurais retrouvé avec les intérêts. »

Matthieu 25, 27

Si vous ne savez pas encore pour qui voter aux prochaines élections et si vous voulez vraiment faire fortune après le scrutin, je vous invite à examiner avec attention la liste des « intérêts du Père », conduite au Sénat par un jeune banquier plein de talent, que son groupe vient de placer à la tête de la toute-puissante SGR (Société générale du Royaume) : Jésus de Nazareth.

Vous trouverez son programme électoral au chapitre 25 de Matthieu, versets 14 à 30. Un conseil cependant : regardez quand même ses promesses d'un œil très critique ; elles sont tellement mirobolantes par les temps qui courent, qu'elles frisent la démagogie.

Du cent pour cent ! Vous vous rendez compte.

Pour cinq talents déposés, il vous garantit cinq talents de bénéfice. Quand on sait qu'à l'époque le talent vaut plus ou moins vingt-cinq kilos d'or, ça veut dire que le premier serviteur de la parabole vient de gagner à peu près deux millions d'euros ! On peut toujours rêver...

Que diable Jésus va-t-il donc faire dans cette galère de la magouille et de la spéculation ? Non seulement, il donne à ses disciples une magistrale leçon de profit, mais il les encourage à développer leur propre compte en banque. Et le comble, c'est qu'il est sans pitié pour les improductifs ! Voyez le troisième serviteur : en quoi a-t-il mal fait ? Il s'est vu confier de l'argent et il le restitue intégralement. C'est donc parce qu'il n'a pas joué en Bourse, parce qu'il n'a pas ouvert un livret d'épargne qu'il est exclu de la joie de son maître ! Et comme si tout cela ne suffisait pas, la parabole dit encore qu'on va enlever au pauvre le peu qu'il possède pour l'ajouter au riche qui nage déjà dans l'abondance. Comme éloge du capitalisme sauvage, il est vraiment difficile de faire mieux.

Dans un bas de laine

La fortune que le maître confie à ses serviteurs, c'est évidemment la Loi que les Juifs avaient reçue de Moïse, la Parole que le Seigneur laisse à ses disciples, l'Évangile que les apôtres transmettent à l'Église, cette Bonne Nouvelle du pardon, de la prédilection pour les petits, du *Notre Père*, du Magnificat, des Béatitudes...

Ce trésor, les deux premiers serviteurs l'ont joué. Avec eux, la foi ne reste pas dans les sacristies, mais elle interroge son temps et se laisse interroger. Ils ont couru le beau risque de l'histoire en proclamant la Parole aux quatre vents du monde. Et la Parole, effectivement, s'est brisée, multipliée, « humble et cachée à travers cent lieux et cent cultures, parsemée comme des fleurs » (Jean-François Six), à la grande joie de leur maître.

À l'opposé, le troisième serviteur a vécu dans la peur et cette peur l'a paralysé. Il a choisi la sécurité en protégeant l'Évangile comme on cache son argent dans un bas de laine. Mais c'est une sécurité trompeuse. En creusant la terre pour y enfouir son lingot, il a enterré l'espérance. Comme les scribes et les pharisiens ont entouré la Révélation de fils de fer barbelés, il a gardé la Parole prisonnière dans les livres, et elle s'est dévaluée...

Oui, c'est peut-être déconcertant à première vue : Dieu veut qu'on risque sa Parole comme un financier audacieux risque son capital. Avec l'immense différence que ce pardon multiplié, cet amour qui rapporte gros sont vraiment à la portée de toutes les bourses.

5.

Le refus des hommes d'affaires

> *« Voilà : mon repas est prêt,*
> *mes bœufs et mes bêtes grasses sont égorgés ;*
> *tout est prêt : venez au repas de noce. »*
>
> Matthieu 22, 4

Ceux et celles d'entre vous qui ont bel appétit doivent sans doute se sentir à l'aise devant le menu que leur propose soudain la liturgie ! Isaïe ne prétend-il pas que « ce jour-là, le Seigneur, Dieu de l'univers, préparera pour tous les peuples, sur sa montagne, un festin de viandes grasses et de vins capiteux » ? Même Paul, qu'on devine un peu ascétique à ses heures, nous explique que si « je sais vivre de peu, je sais aussi avoir tout ce qu'il me faut ». Quant au « Patron », il sait y faire pour marier son Fils : des bœufs et des bêtes grasses s'il vous plaît ! Vous avouerez que la carte du Royaume de Dieu est plutôt du genre alléchant...

Alors, pourquoi les invités font-ils la fine bouche ? Comment expliquer ce refus de passer à table ?

L'Évangile lui-même suggère un début de réponse. Le refus des invités à la noce, c'est d'abord le refus des hommes d'affaires, des gens trop occupés qui s'en vont « l'un à son champ, l'autre à son commerce ». Nous avons peut-être à nous demander sérieusement si nous ne sommes pas devenus, chacune et chacun, à notre manière, des femmes et des hommes d'affaires. Que nos affaires soient patronales ou syndicales, commerciales ou ecclésiastiques..., ne sommes-nous pas à ce point débordés que nous ne prenons plus le temps de répondre à certaines invitations ? Je lisais dernièrement, dans un roman, cette phrase assez extraordinaire d'un curé qui, la veille de sa mort, juste avant de rendre l'âme, soupire, presque avec jubilation : « Mes registres sont en ordre ! » Quand on doit mettre un peu trop d'ordre dans ses registres et dans ses comptes, on n'a peut-être plus le temps de se rendre aux tables de l'amitié.

N'importe qui

Mais le refus des invités à la noce, c'est aussi, surtout peut-être, le refus des gens à l'étiquette. Ceux qui aiment les chichis, les manières, les petits cartons d'invitation, le protocole et le brillant mondain. On a reconnu, dans l'Évangile, tous ceux pour qui la religion est affaire de col et cravate, de cérémonial, de clinquant, de hiérarchie et de pacotille. Ceux qui, parfois, tuent les prophètes et les serviteurs...

Alors, devant tous ces refus, Dieu invite n'importe qui, mais alors là, vraiment n'importe qui : voleurs, putains, manchots, boiteux, isolés, rejetés. Et pas de carte de membre ! Ni relations, ni mérites, ni médailles. Rien du tout. Un véritable dîner de fous...

L'embêtant dans cette « belle histoire », c'est qu'il y a comme un pépin au dessert... car, enfin, cette joyeuse fête ne se termine pas tellement bien avec l'expulsion de l'homme qui ne portait pas le vêtement de noce. Il y avait donc, malgré tout, une condition d'entrée ? Que vient faire cette robe nuptiale alors qu'apparemment le roi n'exigeait aucun uniforme ?

Je risque une toute petite explication. Lorsque Dieu invite aux noces de son Fils, il souhaite quand même qu'on y vienne dans un certain état d'esprit. Ce n'est donc pas une question de cravate mais de disposition du cœur. Il veut bien qu'on mette les coudes à table mais il n'aime pas qu'on mange seul dans son coin, en boudant. Pour ça, peut-être, qu'il y a si peu d'élus !

6.

Les fiancés de la Saint-Valentin

« Faites-vous des amis avec l'argent trompeur, afin que, le jour où il ne sera plus là, ces amis vous accueillent dans les demeures éternelles. »

Luc 16, 9

Peut-être avez-vous souvenir de ces deux jeunes gens que la presse avait baptisés « les fiancés de la Saint-Valentin » ? À l'époque, Joël et Marie-Christine avaient en effet défrayé la chronique au moment où ils venaient d'empocher un million d'euros au Loto de la Saint-Valentin !

Si on les a revus à la « une » des faits divers peu de temps après, c'est que, non seulement ils n'avaient plus un centime, mais ils se retrouvaient criblés de dettes et chômeurs tous les deux.

Ce qui s'est passé ? Des choses toutes simples : quelques voyages mirobolants, des voitures luxueuses, un petit château dans la région de Metz et puis... la faillite de l'entrepreneur, l'entourage de quelques amis peu scrupuleux et les voici avec moins que la vieille 2 CV et le petit studio qu'ils occupaient avant ce Loto de malheur.

Qu'aurions-nous fait de ce million, nous qui sommes gens si raisonnables ? Nous en aurions peut-être dépensé une partie mais surtout, comme cet homme riche de l'Évangile dont les terres avaient beaucoup rapporté, nous aurions construit de plus grands greniers, nous aurions placé cet argent en Suisse ou au Luxembourg et nous aurions aujourd'hui deux millions au lieu d'un...

J'imagine déjà Jésus faisant l'éloge des fiancés de la Saint-Valentin « parce qu'ils n'ont pas dilapidé seuls cet argent, parce qu'ils ne l'ont pas enfermé dans des coffres », comme il fit un jour l'éloge d'un filou d'intendant qui avait su se faire des amis avec de l'argent volé. Habile, ce gérant qui venait de perdre son emploi fit simplement venir, un à un, les débiteurs de son maître afin de leur remettre une partie de leurs dettes, dans le secret espoir qu'ils ne l'oublieraient pas...

Vraiment malhonnête

Certains chercheurs un peu déconcertés par l'éloge de ce banditisme évangélique ont fait remarquer que les intendants de l'époque n'étaient pas payés mais se constituaient leurs salaires sur le dos des débiteurs de leurs maîtres en majorant les dettes et les intérêts à leur profit. Autrement dit, l'homme de la parabole serait parfaitement honnête puisqu'il aurait simplement ramené la dette à ce qu'elle était en réalité...

Voilà bien des entourloupettes pour contourner une histoire qui sonne tellement mieux si l'homme est vraiment malhonnête ! Jésus qui est sans doute parti, comme souvent, d'un fait divers bien connu à l'époque, raconte l'histoire d'un homme aux abois, un homme qui sait que, demain, il va tout perdre. Il ne lui reste que quelques heures pour éviter la catastrophe. Il aurait pu essayer une dernière fois de pressurer les débiteurs de son maître, de se faire de bons petits suppléments pour vivre au moins quelque temps sur ses réserves, mais il préfère tenter le tout pour le tout. Il place son joker dans le dernier jeu avec l'espoir de lendemains plus cléments.

Ce que Jésus admire ici, c'est le risque que cet homme a pris pour assurer son avenir. Un risque dont il aimerait que ses amis sachent le prendre aussi quand l'enjeu n'est pas moins que l'accueil dans les demeures éternelles.

VI.

Comme une plaie ouverte

ÉLOGE DE LA BLESSURE

Qui serions-nous sans nos blessures ?
C'est du chant profond de ce visage blessé
que je me reçois capable de tendresse,
capable de pardon.
Et c'est sous l'empreinte
d'inguérissables blessures
que je reçois ferme assurance et pouvoir de dire :
personne n'est jamais un être « fini ».

Paul Baudiquey, *Prier.*

1.

Les cinq mille Japonais étaient-ils coupables ?

« Et ces dix-huit personnes tuées par la chute de la tour de Siloé,
pensez-vous qu'elles étaient plus coupables que les autres habitants de Jérusalem ? »

Luc 13, 4

Un jour, des gens vinrent rapporter à Jésus l'affaire du tremblement de terre de Kobé, au Japon. Jésus leur répondit : « Pensez-vous que ces cinq mille morts étaient de plus grands pécheurs que tous les autres Japonais, pour avoir subi un tel sort ? Eh bien non, je vous le dis, si vous ne vous convertissez pas, vous périrez tous comme eux.

« Et ces soixante victimes de l'Airbus A 310 qui s'est écrasé près de Bucarest, pensez-vous qu'elles étaient plus coupables que tous les autres habitants de la Roumanie ? Eh bien non, je vous le dis : si vous ne vous convertissez pas, vous périrez tous de la même manière. »

« Y a qu'à voir sa tête... »

La plupart des contemporains de Jésus voyaient dans le malheur une malédiction. Ils expliquaient la malchance par le péché. Vous étiez malade ? infirme ? affamé ? accidenté ? C'est donc que vous deviez payer à Dieu le prix de vos fautes. Rappelez-vous l'histoire de l'aveugle-né et la question des disciples : « Qui a péché, lui ou ses parents ? » Jésus éclate. Il s'insurge contre cette mentalité fataliste : « Eh bien non, je vous le dis, même s'ils ont péri, ces gens n'étaient pas plus pécheurs ou coupables que chacun d'entre vous. Mais attention : vous qui avez été épargnés, vous qui avez échappé à ce que vous appelez “châtiment”, convertissez-vous, sinon vous périrez, vous aussi, de la même manière ! »

Heureusement, les choses ont bien changé, dites-vous. Vraiment ? Pourtant, lorsque surgissent au cœur de l'actualité ces faits divers dramatiques qui ressemblent comme frères jumeaux à ceux d'il y a deux mille ans, la litanie des explications récite toujours la même histoire : « Ils n'avaient qu'à prévoir » ; « On le leur avait bien dit » ; « Et puis, avec un passé pareil » ; « D'ailleurs, y a qu'à voir sa tête... » Bien entendu. Ne suffit-il pas d'être noir parfois, ou jeune, ou chômeur, pour être coupable ?

Jésus a voulu casser cette logique infernale. On lui demande : « Sont-ils coupables ? » Il répond : « Convertissez-vous, sinon... »

Dur, dur, tout ça, si l'histoire du figuier stérile ne

faisait surgir au cœur même de ces faits divers une petite musique d'une tout autre tonalité.

Il est interdit

Le propriétaire de la vigne voudrait donc couper ce figuier qui, depuis trois ans, ne lui rapporte plus aucun fruit : « À quoi bon le laisser épuiser le sol ? »

C'est vrai. À quoi bon maintenir la Sécurité sociale ? À quoi bon garder au pays des étrangers qui nous volent notre emploi ? À quoi bon coopérer avec le tiers-monde alors qu'il y a déjà tant à faire ici ? À quoi bon distribuer encore une allocation de chômage à des gens qui, de toute façon, ne seront jamais capables de rien ?

Pourtant le vigneron propose à son patron d'encore un peu patienter, juste une année, « le temps que je bêche autour pour y mettre du fumier ».

« Merveilleuse parabole de la patience de Dieu ! » s'exclame Pierre Talec, ce Dieu capable de regarder chaque matin ses enfants les plus démunis, avec cette question : « Peut-être donnera-t-il du fruit à l'avenir ? »

Face au massacre des Galiléens, devant la catastrophe de l'Airbus, le tremblement de terre au Japon, l'écroulement de la tour de Siloé, la torture d'un vieillard qui cachait ses modestes économies, ou le viol d'une petite fille en bordure d'un bois... Jésus ne sait pas. Il ne s'explique pas. Comme nous, il est désarmé, interdit, lui qui, un jour, se retrouvera tout entier du côté de l'absurdité, de la souffrance injuste, du malheur innocent.

Je sais seulement qu'il aurait raconté tous ces faits divers à sa manière. En refusant la fatalité, les explications simplistes, les jugements hâtifs. En cherchant un peu plus loin. En nous proposant, comme Marguerite Yourcenar, de « venir en aide à la faiblesse de Dieu ».

2.

Dans tes mains de potier

On lui amène un sourd-muet, et on le prie de poser la main sur lui.

Jésus l'emmena à l'écart, loin de la foule, lui mit les doigts dans les oreilles, et, prenant de la salive, lui toucha la langue.

Marc 7, 32-33

Étonnant, ce va-et-vient des malades et leur apparition-disparition sur la scène de l'Évangile.

Comme si la guérison exigeait le mouvement.

Comme s'il s'agissait d'un ballet.

Comme si on avait affaire à un travail d'artiste.

On amène donc à Jésus un sourd-muet et on le supplie : « Touche-le, toi. Tu peux le guérir. » Il l'emmène à l'écart, loin de la foule. Un peu plus tard, même scénario avec un aveugle : « De grâce, touche-le. » Jésus prend l'homme par la main et le fait sortir du village.

Salive divine

Ce qui se passe alors « à l'écart » peut paraître étrange à première vue et même un peu repoussant :

« Jésus lui mit les doigts dans les oreilles (jette ses doigts sur ses oreilles, dit Chouraqui) et, prenant de la salive lui toucha la langue. » (Marc 7, 33)

« Il mit de la salive sur ses yeux, lui imposa les mains et lui demanda : "Vois-tu quelque chose ?" » (Marc 8, 23)

« Jésus cracha à terre, fit de la boue avec la salive et l'appliqua sur les yeux de l'aveugle. » (Jean 9, 6)

Ainsi, par trois fois dans l'Évangile, Jésus va cracher pour guérir. Mais par deux fois aussi, la foule puis les soldats lui cracheront au visage durant la Passion, transformant ce geste de guérison en un geste de condamnation.

Cette application de la salive sur les yeux de l'aveugle et sur la langue du muet n'est pas tellement surprenante lorsqu'on sait que dans l'Antiquité la salive et la boue passaient déjà pour avoir des vertus curatives. Mais avec cette boue et ce crachat, Jésus ne va pas seulement toucher les parties malades. Il va refaire le geste de la création de l'homme comme il est dit au livre de la Genèse : « Le Seigneur Dieu modela l'homme avec de la poussière prise du sol. Il insuffla dans ses narines l'haleine de vie, et l'homme devint un être vivant. » (Genèse 2, 7)

Ouvrir et caresser

Comme le potier jette ses doigts sur la pâte pour l'ouvrir avec force avant de la caresser avec un peu d'eau, Jésus lui aussi jette ses doigts sur les oreilles, sur la langue et les yeux pour qu'ils s'ouvrent.

Tout au long de l'Évangile on le voit pétrir l'homme, le modeler, le sculpter, rafraîchir sa vieille terre trop séchée et lui redessiner le visage avec la caresse d'un peu de salive.

Il n'a pas peur des peaux boursouflées et des corps mutilés ; des cris étouffés et des yeux embués.

De ses mains tendues, il arrache à son lit la petite fille de Jaïre et le paralysé à son brancard.

De ses mains mouillées, il refait la peau du lépreux et la jambe du boiteux.

De ses mains fragiles, il saisit la détresse de Marie-Madeleine et l'inquiétude de la Samaritaine.

De ses mains apaisantes, il calmera nos derniers soubresauts et nous conduira jusqu'au paradis des potiers.

Avec le pasteur Alain Houziaux, je fais mienne cette prière : « Seigneur, au jour de ma mort, donne-moi de laisser là les déchets de la vie. Je veux rentrer léger, sur la pointe des pieds, dans la mort transparente comme une eau de cascade qui lave les plaies du chemin.

Oui, Seigneur, tu prendras cette sueur qui recouvrira mon visage et aussi mes dernières larmes et ce qui me restera de salive alourdie par l'agonie (...).

Je veux encore vider mes poches des cailloux, et rendre au sable les poussières des coutures de mes vêtements de labeur et de guerre.

Je t'offrirai tout ce temps perdu à de vaines besognes, à des querelles idiotes et à des ambitions de pacotille.

Je t'apporterai ma boue et ma poussière, et les grains de mes moissons mortes, et les raisins des vignes que je n'ai pas vendangées.

Et tout cela, tu le pétriras dans tes mains de potier[1]. »

---

1. Alain Houziaux, *Paraboles au quotidien, op. cit.*, pp. 70-71.

3.

Transfusion divine

Or, une femme qui avait des pertes de sang depuis douze ans (...) vint par derrière dans la foule et toucha son vêtement.

Car elle se disait :

« Si je parviens à toucher seulement son vêtement, je serai sauvée. »

Marc 5, 25-29

Voilà douze ans qu'elle court les médecins, cette pauvre femme. Et comme dans les cliniques où il est question de « l'appendicite du 14 » ou de « l'estomac du 17 », l'Évangile la désigne aussi par sa maladie : « celle qui perdait du sang ». « La transfusion du 22 » en quelque sorte...

Douze ans que la Faculté la traîne en longueur et la renvoie d'Hérode à Pilate et de généralistes en spécialistes : « Elle avait beaucoup souffert du traitement de nombreux médecins, dit saint Marc, et elle avait dépensé tous ses biens sans aucune amélioration ; au contraire, son état avait plutôt empiré. » Dur, dur, dans les gencives médicales. À croire que Marc, le journaliste, veut régler ses comptes avec Luc, le médecin...

Une hémorragie de tendresse

Cette femme n'est pas seulement malade. On peut dire sans mauvais jeu de mots qu'elle n'est pas en règle. Impure et contagieuse aux yeux de la Loi, il lui est interdit de sortir en public et, a fortiori, d'approcher un prophète. Elle le sait bien, mais qu'a-t-elle encore à perdre ? Parce qu'il n'y a pas que le sang qui l'abandonne. La tendresse aussi s'écoule depuis douze ans, ce qui provoque en elle une hémorragie bien plus grave encore...

Discrète et anonyme, elle se mêle donc à la foule et tente d'approcher Jésus par derrière : « Si je parviens à toucher seulement son vêtement, se dit-elle, je serai sauvée. » Luc précise même : « la frange de son vêtement ».

Le détail a son importance. Comme tous les Juifs pieux, Jésus porte effectivement une frange à son vêtement en respect du commandement de la Bible où le Seigneur dit à Moïse : « Parle aux fils d'Israël, dis-leur de se faire une frange sur les bords de leurs vêtements (...) et de mettre un fil pourpre dans la frange qui borde le vêtement (...). En le voyant, vous vous souviendrez de tous les commandements du Seigneur. » (Livre des Nombres 15, 37-39)

Il vaudrait certainement la peine de relire tout l'Évangile en relevant seulement les gestes du toucher : les mains de tous ces malades à Génésareth qui voulaient, eux aussi, toucher la frange de son vêtement, la tête de Jean sur l'épaule de Jésus, les cheveux de Marie-Madeleine sur ses pieds, le baiser de Judas... Et de regarder aussi cette main de Jésus qui caresse, qui guérit et qui touche l'interdit : le cadavre de la petite fille de Jaïre, la peau du lépreux, les yeux de l'aveugle, les oreilles et la langue du sourd-muet...

Vidé

Voilà donc que la femme le touche, elle aussi.

Elle, que les docteurs regardaient de loin et qui n'avait peut-être plus touché personne depuis douze ans...

Elle, l'exclue de la Loi, touche la Loi.

Elle, l'exclue de la tendresse, touche la tendresse.

Elle, l'exclue du salut, touche le salut.

« À l'instant, sa perte de sang s'arrêta, et elle ressentit dans son corps qu'elle était guérie de son mal » raconte saint Marc qui ajoute : « Aussitôt Jésus s'aperçut qu'une force était sortie de lui. »

Ainsi, pour que la guérison intervienne, pour qu'advienne le salut, il faut une réciprocité, un échange, une solidarité. Il faut qu'une hémorragie surgisse en Jésus pour que l'hémorragie s'arrête chez la femme. Il faut une transfusion.

À travers ce miracle qui l'a vidé, le miracle d'une attention épuisante, Jésus nous confie le secret de son art de guérir : toucher et se laisser toucher. Par l'exclusion, l'affection, la souffrance, la mort.

Il sait de quoi il parle lui qui, après cette femme et bien plus encore, se videra de son sang « pour guérir et sauver tous les hommes ».

4.

Le Fils précieux

L'aveugle jeta son manteau, bondit et courut vers Jésus. Jésus lui dit :
« Que veux-tu que je fasse pour toi ?
— Rabbouni, que je voie. »

Marc 10, 50-51

Je ne sais pas pourquoi les noms de l'Évangile qui commencent par « bar » (fils, en araméen) m'ont toujours attiré : Barabbas, Bariona, Barsabbas, Barthélemy, Barnabé, Bartimée... Les deux derniers surtout, peut-être à cause de leur signification : Barnabé, « Fils de la consolation », et Bartimée, « Fils précieux ».

Ce jour-là, Bartimée est donc assis au bord de la route où va passer Jésus. Mais ce « Fils précieux » traîne un cadavre dans son placard, comme dit Michel Pantaignon ! Il est aveugle. Autant dire criminel, sidaïque. Il a tout juste le droit de se taire. Comme aujourd'hui les porteurs du sida. Mais lui ne l'entend pas de cette oreille. Il crie : « Jésus, fils de David, aie pitié de moi ! » Les gens s'énervent sur la route : qu'il la ferme ! Mais lui remet ça : plus fort. Plus fort que la Loi, plus fort que les interdits et les bonnes manières : « Fils de David, aie pitié de moi ! » Quelle profession de foi extraordinaire : le « Fils précieux » reconnaît le « Fils de David ». Il ne manque vraiment plus que l'« Hosanna » pour entrer à Jérusalem !

Record olympique

Jésus a entendu ce cri que la foule tentait d'étouffer. Il l'appelle. Bartimée jette son manteau et, d'un bond, arrive près de lui. La foi lui donne des ailes. Il pulvérise le record olympique et se voit déjà sur le podium à Jérusalem. En jetant son manteau par terre, le « Fils précieux » veut sans doute courir plus vite mais il ouvre en même temps l'étrange procession des Rameaux. Un peu plus loin, du côté de Bethphagé, d'autres aveugles et d'autres boiteux prendront le relais et jetteront aussi leurs manteaux sur la route au passage du « Fils de David ».

Le prophète Jérémie évoque déjà cette procession du futur et cette entrée triomphale lorsqu'il raconte le retour du « petit reste » d'Israël : « Il y a même parmi eux, dit-il, l'aveugle et le boiteux, la femme enceinte et la jeune accouchée (...). Ils arrivent tout en pleurs, ils crient “Grâce !” et je les pousse : je les dirige vers des vallées bien arrosées, par un bon chemin où ils ne trébucheront pas. »

Quand verrons-nous cette procession-là dans notre société à deux vitesses où les infirmes de la compétition sont abandonnés au bord du chemin ? Quand participerons-nous à cette fête de la patience de Dieu où la femme enceinte marche au rythme du boiteux et où l'aveugle bondissant s'envole avec la jeune accouchée...

La nuit sacrée

Je songe ici au roman de Tahar Ben Jelloun qui raconte dans *La Nuit sacrée* l'étrange et troublante histoire d'un aveugle et d'une jeune femme profondément blessés par l'existence. Un jour, la femme se retrouve seule dans la nuit d'une prison. Et pour mieux communier encore à la nuit de l'aveugle, elle décide de vivre en cellule avec un bandeau sur les yeux... « Pour nous entendre si bien, lui dit l'aveugle, nous devons probablement avoir, cachée en nous, une même blessure, (...) quelque chose de brisé qui nous rapproche. »

Peut-on vraiment rejoindre l'autre, sans partager quelque chose de sa nuit ? Sans cacher « une même blessure » ?

Sur la route des Rameaux, entre Jéricho et Jérusalem, n'est-ce pas « quelque chose de brisé » qui rapproche si fort le « Fils précieux » du « Fils de David » ?

5.

Le brancard sous le bras

Jésus dit au paralysé :
« Mon fils, tes péchés sont pardonnés. »

Marc 2, 5

Vous imaginez d'ici la tête des gens lorsqu'ils ont vu descendre cet homme par le toit ! Déjà qu'ils étouffaient dans cette maison, serrés comme des harengs, à tel point « qu'il n'y avait plus de place, même devant la porte ». Et en voilà encore un qui s'amène. Du ciel en plus, et en brancard ! Paralysé, monsieur, c'est-à-dire pécheur, exclu. Oser venir ici. On aura tout vu.

Fallait qu'ils y tiennent à leur copain, la « bande des quatre », pour l'amener comme ça à Jésus, par effraction, malgré les protestations de la foule. Car ce toit, comme dit Gérard Bessière, ils l'ont crevé deux fois : en enlevant les branchages d'abord, les feuilles, le torchis, mais surtout en traversant la réprobation quasi générale de tous ces gens rassemblés dans la maison. Pas question donc, après tous ces risques, de venir écouter quelques bonnes paroles de consolation, fussent-elles religieuses. Ils ont entendu dire que Jésus guérit les possédés, les lépreux et même les belles-mères ! Alors, pourquoi pas un paralytique ? Ils sont donc là pour une guérison, un point c'est tout.

Un beau miracle

Émerveillé devant cette foi astucieuse et imaginative, Jésus dit au paralysé : « Mon fils, tes péchés sont pardonnés. » La belle jambe ! Et c'est pour ça qu'ils ont pris tant de peine ! Déçus nos gaillards, comme ce n'est pas possible. Exactement comme quand nous nous rendons chez le médecin : nous souhaitons que le mal disparaisse au plus vite, quitte à prendre des tonnes de médicaments s'il le faut, et tant pis si la maladie n'a pas été touchée en profondeur.

Les porteurs du grabat ne s'attendaient pas du tout à cela. Ils espéraient une guérison immédiate et voilà que leur malade reçoit le pardon de ses péchés ! L'assistance aussi est un peu dépitée qui venait là chercher du merveilleux, du spectaculaire, un « beau » miracle, vite fait bien fait.

Jésus, lui, veut aller à la racine de la maladie. Il veut guérir en profondeur, pas en surface ; pour toujours, pas pour un jour. Il sait que pour ses contemporains, la paralysie est signe de péché, comme pour d'autres contemporains, aujourd'hui, le chômage. Il sait que le jugement des hommes cloue ce paralytique au sol bien plus sûrement que sa paralysie. « Avant de le remettre debout, dit A. Beauduin, il faut donc d'abord lui rendre confiance et l'arracher à la condamnation de son entourage. » Le pardon était nécessaire à la guérison.

Antibiotiques

C'est là que les scribes ont achoppé, murmurant en eux-mêmes : « Comment peut-il parler ainsi ? Il blasphème. Qui donc peut pardonner les péchés, sinon Dieu seul ? » Paralysés dans leurs traditions, dans leurs dogmes, dans leur acharnement thérapeutique, eux qui depuis toujours soignaient les fidèles à coups d'antibiotiques, ils ne pouvaient admettre cette nouvelle façon de rencontrer la maladie.

« Ne vous souvenez plus d'autrefois, disait déjà Isaïe, ne songez plus au passé. Voici que je fais un monde nouveau : il germe déjà, ne le voyez-vous pas ? »

Bien sûr qu'il le voit, le paralytique, lorsqu'il s'en retourne chez lui sifflotant, le brancard sous le bras...

6.

Petite fille, lève-toi !

Aussitôt la fillette se leva et se mit à marcher.
Elle avait douze ans.

Marc 5, 42

À quelques kilomètres de chez moi, une petite fille vient de rejoindre l'école primaire de la localité. Elle arrive du Rwanda mais elle n'a rien à raconter car elle ne parle plus. Le traumatisme qu'elle a vécu, les événements dont elle fut témoin l'ont laissée sans voix. Au sens propre du terme.

Je voudrais tant que Jésus lui saisisse la main et lui dise : « *Talitha koum* : petite fille, lève-toi ! » Et qu'elle marche, et qu'elle mange, et qu'elle parle.

« Dieu n'a pas fait la mort », me dit le Livre de la Sagesse.

« Je fais sécher l'arbre vert et reverdir l'arbre sec », ajoute Ézéchiel.

« Le Christ est le grand prêtre du bonheur qui vient », renchérit l'épître aux Hébreux.

De quelle couleur est Dieu ?

Où se tient-il donc caché dans l'actualité ? « le grand prêtre du bonheur qui vient ? »

Qui fera reverdir l'arbre sec des collines de Bujumbura ? Qui se penchera sur la douleur de Kigali ?

Qui viendra dire à l'enfant de Butare ou de Gorazde : « *Talitha koum* : petite fille, lève-toi » ?

Mais nous ne parlons pas.

Nous laissons massacrer des dizaines de milliers d'hommes au champ d'horreur de l'histoire.

Et comme si cela ne suffisait pas, « les détritus du monde (sont) versés à chaque seconde sur la moquette du salon ». C'est que Christian Bobin n'y va pas avec le dos de la cuillère à propos de la télévision : « Son travail c'est salir la douleur qui lui est confiée et tout agglomérer (...) Tu es là, dans ton fauteuil ou devant ton assiette, et on te balance un cadavre suivi du but d'un footballeur, et on vous abandonne tous les trois, la nudité du mort, le rire du footballeur et ta vie à toi, déjà si obscure, on vous laisse chacun à un bout du monde, séparés d'avoir été aussi brutalement mis en rapport – un mort qui n'en finit pas de mourir, un joueur qui n'en finit plus de lever les bras, et toi qui n'en finis pas de chercher le sens de tout ça [1]. »

1. Christian Bobin, *L'Inespérée*, Gallimard, 1994.

Tout est-il donc si noir ?

N'arriverons-nous pas à extraire « la poignée de lumière suffisante pour éclairer un peu plus loin que soi[1] » ?

Est-il vraiment impossible de re-susciter les images du JT ?

L'écrivain et journaliste Michel Lambert ouvre peut-être un chemin lorsqu'il demande dans un de ses romans : le noir transparent existe-t-il ? Le peintre Fouchet en est persuadé qui confie à un moment donné :

« C'est curieux... Je cherche des couleurs et je trouve Dieu. »

À quoi son ami Paul réplique, ironique :

« Au fait, vous qui êtes spécialiste, de quelle couleur est Dieu[2] ? »

Une lumière noire

Bonne question qui a dû hanter un autre journaliste penché toute sa vie sur la douleur du monde : Hubert Beuve-Méry.

Sainte-Beuve, comme dit Sulivan à qui l'on doit un essai inédit consacré au fondateur du *Monde*[3].

---

1. Christian Bobin, *op. cit.*

2. Michel Lambert, *Une vie d'oiseau*, L'Âge d'Homme, 1988.

3. Jean Sulivan, *Une lumière noire. Sur Beuve-Méry*, Arlea, 1994.

Je suis heureux que Marguerite Gentzbittel (« Madame le proviseur ») se soit battue pour faire publier *Une lumière noire* de Jean Sulivan. Une lumière noire parce que, dans ce livre d'un pessimisme tonifiant, Sulivan et Beuve-Méry s'avancent dans le noir de l'actualité, comme le personnage de Dante, en tenant une lanterne derrière eux pour éclairer ceux qui suivent.

Petite fille, lève-toi.

Petite fille de Bujumbura, de Liège ou de Gorazde, regarde la lanterne dans le noir.

J'espère que tu vas retrouver un peu de voix.

Et que tu pourras accueillir bientôt « l'innocence d'un ciel bleu ».

Parce que, vois-tu, l'étonnant en cette vie, c'est que « tout nous est donné à chaque instant, le bleu avec le noir, la force avec la blessure ».

Oh ! je sais que tu as beaucoup d'images encore à lessiver et à tordre et à repasser.

Mais je sais aussi que les anges veillent sur toi.

Écoute : « On dirait qu'ils viennent de laver leur linge et que, n'étant riches que de leur seul amour, ils portent toujours la même lumière, rendue transparente par des milliers de lessives [1]. »

---

1. Christian Bobin, *op. cit.*

7.

Les « lépreux » aux assises de Liège

« Permets que ton serviteur emporte de la terre de ce pays autant que deux mulets peuvent en transporter. »

2 Rois 5, 17

Comme il entrait dans un village, dix lépreux vinrent à sa rencontre.
Ils s'arrêtèrent à distance et lui crièrent :
« Jésus, maître, prends pitié de nous. »

Luc 17, 12-13

« La perversité absolue », « d'abominables individus », « d'ignobles pédophiles », « quatre têtes à couleur de fromage », « un curé qui n'a rien d'un enfant de chœur »... La presse n'y va pas avec le dos du porte-plume dans l'affaire de pédophilie qui a été jugée aux assises de Liège.

À l'ouverture du procès, j'étais frappé d'observer,

côte à côte sur la même page du journal, les visages ravagés des principaux inculpés et la photo des sépultures profanées dans un cimetière de Bruxelles. Comme si, de part et d'autre, le même viol, la même souillure, la même profanation, la même lèpre bouleversaient la vie et la mort.

Les cendres de la vache rousse

La lèpre a toujours fait peur. Pendant très longtemps, les maladies de la peau, répugnantes et contagieuses, furent attribuées à un démon qu'il fallait chasser. Le peuple de Dieu y voyait le mal par excellence, un signe du châtiment divin. Du coup, le lépreux était excommunié deux fois : de la ville et de la communauté. Il doit avoir les cheveux dénoués, dit le Lévitique, habiter hors les murs, et crier : « Impur ! » quand il rencontre quelqu'un. La guérison quand elle advient, s'appelle « purification ». Elle est légalement constatée par un prêtre qui procède à une série de rites où l'on retrouve de nombreux traits du rituel de la vache rousse...

D'après le livre des Nombres (19, 1-10), une vache rousse, sans défaut et n'ayant pas porté le joug, était immolée hors de la ville. Elle était brûlée entièrement et, dans le feu où elle se consumait, le prêtre jetait du bois de cèdre, de l'hysope et du rouge de cochenille. Les cendres étaient recueillies dans un vase où on versait de l'eau vive en provenance d'une source ou d'un torrent. Cette eau lustrale servait à la purification. Cendrée, parce que les cendres enlèvent les taches et font reluire ; vive, parce que l'eau courante emporte la souillure ; rouge, parce que cette couleur de sang détourne le mal et met en fuite les démons.

Jésus, on le sait, va s'affranchir de ces rites archaïques qui comportent encore un fond de magie. Pourtant, ici, au lieu de guérir directement les lépreux qui le supplient, il les renvoie à la tradition : « Allez vous montrer aux prêtres. » Il leur demande de respecter la loi. Il leur propose de traverser la nuit. Parce que la guérison n'est pas un dû, pas plus que le pardon, mais une marche, un combat.

Terre sainte

Je ne sais pas si les « lépreux » du procès de Liège se sont arrêtés à distance en criant : « Jésus, maître, prends pitié de nous. »

Je me demande, à certains moments, s'ils mesurent la gravité des faits, s'ils comprennent en quoi ils ont saccagé le « sacré » et pourquoi le public réagit aussi fortement : parce qu'ils ont touché à l'enfance. Pas seulement à nos enfants, mais à cette enfance qui a tant de mal à survivre en nous.

Il est trop facile d'isoler les accusés de Liège.

Quelle est notre part de responsabilité dans cette

profanation ? Dans toutes ces profanations de l'actualité ?

Tous les jours, à cause de nous, de l'argent, de la compétition, de la guerre, de la haine, l'enfance est blessée jusqu'à la déchirure.

Tous les jours, à cause de nous, de notre vertu sans cœur, de notre idéalisme froid, de notre morale incolore, les blessés de la prime enfance s'enfoncent dans des déserts affectifs, loin d'eux-mêmes, dans la solitude.

La lèpre est aussi en nous.

Sur l'ordre d'Élisée, le général syrien Naaman, un autre lépreux, se plonge sept fois dans le Jourdain. Encore l'eau vive ! Mais il y a plus : au moment de repartir, guéri, il demande au prophète d'emporter un peu de terre du pays, « autant que deux mulets peuvent en transporter », pour qu'à Damas cette terre de Dieu se mélange à sa terre natale.

Pour que cessent les profanations, pour que guérisse la lèpre qui nous ronge, peut-être faut-il aussi emporter un peu de terre « étrangère », ou mieux encore : retrouver enfin cette « terre sainte » qui est en nous.

8.

La foi du capitaine

« Exauce toutes les demandes de l'étranger. »

1 Rois 8, 43

« Dis seulement une parole, et mon serviteur sera guéri. »

Luc 7, 7

Un centurion de l'armée romaine – nous dirions un capitaine aujourd'hui – avait un domestique auquel il tenait beaucoup. Or, celui-ci était gravement malade, « sur le point de mourir » précise le médecin-évangéliste saint Luc, qui s'y connaît en diagnostic.

L'officier qui se trouvait sans doute en garnison dans la cité frontalière de Capharnaüm était-il romain ? Rien ne l'indique dans le texte mais une chose est sûre : il n'était pas juif. Pourtant les Juifs l'aimaient bien, ce capitaine étranger. Même les notables insistent auprès de Jésus :

« Le capitaine mérite que tu lui accordes ton aide ! dit l'un.

— Oui, il aime bien notre nation ! » renchérit un autre. Et surtout, argument suprême d'un troisième : « Il nous a bâti une synagogue ! »

« Circule ! »

Touché par cette prière pour un étranger, Jésus se met en route. Mais alors qu'il n'est plus très éloigné de sa maison, le capitaine envoie des amis lui dire ces quelques mots que l'Église catholique a rendus célèbres en les insérant dans la messe :

« Seigneur, ne te dérange pas... Je ne suis pas quelqu'un de si important que tu entres sous mon toit. Je ne suis pas digne de te recevoir. Je ne me suis même pas jugé digne de venir moi-même à ta rencontre... Mais dis seulement un mot, un seul mot, et mon domestique sera guéri. »

Ce soldat étranger parle d'expérience. Il sait qu'on ne dérange pas un officier supérieur pour si peu... Un ordre suffit. « Un seul mot. » Mais oui. « Ainsi moi, dit-il, moi qui suis subalterne, j'ai moi-même des soldats sous mes ordres. Et quand je dis à l'un : "Circule !", il s'en va... et à un autre : "Arrive !", il vient. Et à mon domestique : "Fais ceci !", il le fait. »

« Alors, toi Seigneur, toi qui es bien plus gradé que moi, toi dont l'autorité est tellement plus grande encore que la mienne, donne-le cet ordre, dis-le ce mot, et mon domestique ira mieux ! »

Jésus est émerveillé. Émerveillé par cette foi du capitaine comme il le sera par celle de la Cananéenne. Car elle aussi vient d'une région frontière et appelle au secours, sans respect humain et sans restriction. Est-ce pour cela qu'exceptionnellement Jésus guérit à distance, sans même voir le malade, sans voir le capitaine, sans geste et sans formule, d'un seul mot ?

« Dis seulement... »

« Seigneur, je ne suis pas digne de te recevoir, mais dis seulement une parole... »

Dis seulement une parole de miel
  et je serai pardonné ;
Dis seulement une parole de ciel
  et je serai accueilli ;
Dis seulement une parole de vin
  et je serai abreuvé ;
Dis seulement une parole de pain
  et je serai nourri ;
Dis seulement une parole de feu
  et je serai brûlé ;
Dis seulement une parole de Dieu
  et je serai guéri.

9.

Mon Dieu, je ne vous aime pas !

Quand Moïse tenait la main levée, Israël était le plus fort. Quand il la laissait retomber, Amalec était le plus fort.

Exode 17, 11

Jésus dit une parabole pour montrer à ses disciples qu'il faut toujours prier sans se décourager.

Luc 18, 1

Il faisait si beau ce jour-là. Mais pas pour Annie, la petite serveuse du grand magasin, qui a fini par avouer le crime. Emballé dans un drap de lit à petits carreaux verts et blancs et placé dans un sac poubelle, le bébé portait encore son cordon ombilical.

Quelle honte, quelle peur ou quelle désespérance a pu conduire une maman et son entourage à pareille extrémité ? Quelqu'un a-t-il crié, supplié, protesté ?

Chaque jour, l'actualité proche ou lointaine égrène son chapelet de découragements. Parce qu'un conjoint s'en est allé. Parce qu'un enfant n'a pas réussi. Parce qu'une maladie a tout bouleversé. Parce que l'ennui, parce que la drogue, parce que l'argent, parce qu'un accident, parce qu'une naissance inattendue...

« Mon Dieu, je ne vous aime pas, proteste Marie Noël, je ne le désire même pas, je m'ennuie avec vous. Peut-être même que je ne crois pas en vous ».

Lever les bras

À ses disciples, aussi sombres et désabusés, Jésus dit qu'« il faut toujours prier sans se décourager ». Cause toujours ! Combien sont-ils dans et hors des Églises à se lancer dans la prière à corps et à cœur perdus ? Et qui se battent, et qui s'accrochent comme à une bouée, mais qui finissent par se décourager : « Dieu ne nous aime pas. Dieu ne nous a pas exaucés. »

C'est à eux d'abord que Jésus propose l'histoire du juge corrompu et de la veuve casse-pieds.

Elle le sait bien, la veuve, qu'il serait si simple de glisser sous la table un petit bakchich, un pot-de-vin comme le juge en raffole. Justice lui serait vite rendue. Mais elle est pauvre et ne dispose que d'une seule arme : son entêtement. Elle va donc lever les mains et insister, s'obstiner, tambouriner, lui casser les pieds jusqu'à la victoire.

À Réphidim, Moïse, lui aussi, va garder les mains levées jusqu'à la victoire. Réphidim, le « lieu de repos » dit l'hébreu, mais qui sera surtout, pour Moïse, un lieu d'épuisement. Car pour vaincre les Amalécites, ils sont deux : Josué, le chef de guerre, dans la plaine, et Moïse, le chef de prière, sur la colline.

Avec « le bâton de Dieu » à la main, symbole du commandement, Moïse encourage les siens, signale les attaques, indique les chemins. La prière mène le combat. Il ne doit surtout pas « baisser les bras », ce serait une catastrophe pour les combattants. Et lorsque, malgré tout, ses mains s'alourdissent, Aaron et Hour se précipitent pour les lui soutenir. « L'un d'un côté, l'autre de l'autre. » Comme Jésus en croix.

Un art d'attaquer

Moïse ne prie pas Dieu d'attaquer à sa place mais de lui donner la force de lever les bras.

La veuve ne prie pas Dieu de fléchir le juge à sa place mais de lui donner le courage de l'affronter sur son propre terrain.

Prier n'est pas un art de fuir mais un art d'attaquer et même, parfois, un art... de protester.

Quel dommage que la maman du petit bébé n'ait pas fait sienne la prière de Marie Noël :

« Mon Dieu, je ne vous aime pas... Mais regardez-moi en passant (...).

Si vous avez envie que je croie en vous, apportez-moi la foi.

Si vous avez envie que je vous aime, apportez-moi l'amour.

Moi, je n'en ai pas et je n'y peux rien. Je vous donne ce que j'ai : ma faiblesse, ma douleur et cette tendresse qui me tourmente et que vous voyez bien, et ce désespoir et cette honte affolée.

Mon mal, rien que mon mal.

C'est tout et c'est mon espérance. »

10.

On demande des guérisseurs

On était frappé par son enseignement, car il enseignait en homme qui a autorité, et non pas comme les scribes.

Marc 1, 22

Savez-vous quel est le plus vieux métier du monde ? Mais non, voyons, pas prostituée ! Un métier dont on parle beaucoup aujourd'hui et qui a toujours fait fortune aux grands moments d'incertitude. Je vais vous aider : il est très à l'honneur dans certaines sectes mais il arrive que des gourous et autres bergers ambigus le pratiquent même à l'intérieur du christianisme. Vous ne voyez toujours pas ? Facile pourtant : guérisseur. Je ne vise pas ces pratiques « alternatives » ou « parallèles » qui ont toujours existé, en bonne entente, souvent, avec la nature. Bien des « sorciers » ont quelque sagesse à nous communiquer sur ce terrain-là. Mais je pense à ces « guérisseurs » qui se penchent sur votre âme – merci docteur ! – et vous promettent le salut pour trois fois rien : un peu d'obéissance et surtout pas de questions. « Allons. Détendez-vous. Laissez-vous faire. Alléluia ! » Ça me rappelle l'anecdote – authentique – d'un groupe de congressistes qui, au retour de Rome, quittent le train sur je ne sais plus quel quai pour aller embrasser le chef de gare ! Ben voyons. Nous sommes tous frères.

Pas comme les scribes

Au temps de Jésus aussi, les guérisseurs s'en donnaient à cœur joie, si nombreux à l'époque que les gens ne savaient vraiment plus à quel guérisseur se vouer. Marc, qui s'y connaît en « possédés » et en « démons » et donc en guérisons mais qui a surtout le regard acéré d'un bon évangéliste-journaliste, voit bien que le jeune rabbi Jésus ne guérit pas comme les autres. Il guérit « en homme qui a autorité ». Mais qu'est-ce que cela veut dire pour l'Évangile, guérir, parler, enseigner « avec autorité » ? La réponse se trouve dans le texte : « pas comme les scribes ».

Interprètes attitrés de la loi, les scribes se retranchaient derrière l'autorité des textes, tiraient à eux la chaude couverture de la tradition. Les prescriptions qu'ils exigeaient, l'obéissance qu'ils demandaient étaient purement extérieures. On obéissait aux scribes simplement parce qu'ils occupaient une place dans la hiérarchie, parce qu'ils détenaient un savoir, un pouvoir que les autres ne possédaient pas. Pour reprendre l'expression de Pierre Calimé, « les scribes ne parlaient pas leur propre parole ». Ils répétaient un discours venu d'ailleurs. Comme tant d'hommes publics aujourd'hui. Et pas seulement sur le terrain politique.

Parler sa propre parole

Ce n'est pas vrai qu'on fait autorité parce qu'on est intelligent, parce qu'on connaît beaucoup de choses, parce qu'on sait parler, parce qu'on a des certificats. Je connais des gens simples qui n'ont pas de diplômes, pas d'éloquence et qui font autorité parce qu'ils parlent leur propre parole. Peu importe alors qu'elle soit balbutiante. Et je connais des gens couverts de titres, pour qui je n'aurai jamais le moindre respect, la moindre obéissance, parce que leur parole est empruntée, parce qu'ils l'ont volée, parce qu'ils récitent leur leçon comme des perroquets.

Les jeunes, dit-on, ne veulent plus rien entendre. L'autorité n'est plus ce qu'elle était. Qu'est-ce que cela veut dire ? Nous sommes-nous suffisamment interrogés sur notre propre parole ? Nous n'avons aucun droit à l'autorité. Ce n'est pas parce que je suis « ton père » ou « ta mère » ou « Monsieur le curé » ou « Monseigneur » ou « Monsieur le professeur » que j'ai droit à l'autorité. Je serai obéi, suivi, contesté peut-être, mais respecté, si je livre ma propre parole et si mon autorité guérit, c'est-à-dire délivre au lieu d'enchaîner. On demande des guérisseurs. Pas des kidnappeurs d'âmes ni des détrousseurs de personnalité comme il en court beaucoup aujourd'hui. Des guérisseurs. Des hommes et des femmes qui font autorité.

VII.

Comme une pierre soulevée

ÉLOGE DE LA TRAVERSÉE

La pierre ronde qui sert de verrou
a pris la route.
Elle a bougé
comme un enfant
dans le ventre de sa mère.

Jean Debruynne, *Jésus.*

1.

Le passager clandestin

Lui dormait sur le coussin à l'arrière.

Marc 4, 38

Les voilà donc au milieu du lac de Tibériade lorsque, tout à coup, la tempête fait rage. Inutile de dire que c'est la panique à bord, et il y a de quoi ! En effet, lorsque les vents se déchaînent dans la cuvette du lac, et surtout lorsqu'il y a rencontre entre ceux qui viennent de la Méditerranée et ceux qui soufflent du désert syrien, d'immenses tourbillons surgissent en quelques minutes et les vagues peuvent atteindre jusqu'à sept mètres de haut. Faut-il préciser que, dans ces conditions, les frêles embarcations des pêcheurs ressemblent à des coquilles de noix qui se mettent à danser follement au sabbat des sorcières du lac ?

Pendant ce temps-là, installé à la place du timonier d'où il devait diriger la manœuvre, Jésus dort. Et sur un coussin en plus !

« Silence, tais-toi ! »

Provocation d'un Dieu qui veut manifester sa toute-puissance ? Jésus n'a pas l'habitude de jouer au chat et à la souris avec ses disciples. Aussi faut-il chercher un peu plus avant, du côté des sorcières du lac justement, ou plutôt des démons !

Rappelez-vous : le texte de la tempête apaisée commence par ces mots : « Le soir venu, il dit à ses disciples : "Passons sur l'autre rive." » « Sur l'autre rive », cela veut dire à l'est du lac, en terre païenne, là où habitent les forces hostiles à Dieu, dans la vision des Juifs de ce temps. Saint Marc établit donc un parallélisme entre la tempête déchaînée sur le lac et les démons déchaînés sur l'autre rive. On en a une preuve dans le vocabulaire employé puisque, pour calmer la tempête, Jésus dit à la mer : « Silence, tais-toi ! » Or, c'est exactement l'expression qu'il utilise pour chasser un démon : « Silence, tais-toi et sors de cet homme ! » Il s'agit donc bien, non pas simplement de calmer mais d'exorciser la mer.

On peut encore aller un peu plus loin... théologiquement. Lorsque Marc nous dit, au verset 38, que Jésus dort et, au 39, qu'il est réveillé, il utilise les termes techniques qui, en grec, expriment la mort et la résurrection. Autrement dit, le Jésus endormi sur un coussin au fond du bateau préfigure Jésus reposant au fond du tombeau et le Jésus réveillé, debout dans la barque, qui interpelle le vent avec vivacité, annonce cet autre Jésus, debout dans le tombeau et victorieux de la mort au matin de Pâques.

Il n'a même pas payé son billet

Bien souvent, l'actualité quotidienne ressemble à cette tempête sur le lac de Tibériade : les vents contraires s'entrechoquent et provoquent des tornades. Mais c'est parfois chez nous, dans nos entreprises, dans nos Églises, dans nos familles, nos couples, que l'histoire se déchaîne et que nous perdons pied avec, peut-être, l'envie de crier à ce Dieu endormi au fond d'une barque : « Nous sommes perdus, cela ne te fait rien ? »

Et il nous répondra, après avoir chassé les « démons » qui nous assaillent : « Pourquoi avez-vous si peur ? » Et jusqu'au bout nous nous demanderons, comme les disciples, qui il est, celui-là, pour que même le vent et la mer lui obéissent ? Oui, qui est-il, ce compagnon de voyage qui s'est embarqué avec nous sur le même bateau ? Qui a lié son sort à celui du navire ? Qui est-il, cet étrange passager qui s'empare du coussin et n'a même pas payé son billet ?

« Je voudrais rendre grâces pour le sommeil du Christ au milieu de nous », écrit un prêtre ami qui vient de fêter ses vingt ans de sacerdoce, « parce que cela veut dire qu'il nous provoque à la responsabilité et à la liberté. »

Jusqu'au bout, le Dieu de nos traversées ne cessera de nous déconcerter et de nous provoquer car jusqu'au bout nous attendrons le grand timonier alors qu'il s'est fait passager clandestin.

2.

L'enterrement du vieux docteur

« Laisse les morts enterrer leurs morts.
Toi, va annoncer le règne de Dieu. »

Luc 9, 60

Dans son premier roman, *Des feuilles dans la bourrasque*, l'écrivain colombien Gabriel Garcia Marquez raconte l'histoire d'un vieux médecin qui vient de mettre fin à ses jours en se passant une corde autour du cou. Tout le village déteste le docteur parce qu'un jour, il y a dix ans de cela, il n'a pas voulu soigner des blessés qu'on lui présentait. Ni le curé, ni le maire, personne n'est décidé à faciliter l'enterrement du docteur. Au contraire. Chacun souhaite secrètement qu'il reste sans sépulture. Un homme pourtant, un colonel en retraite, va se battre pour le faire enterrer, seul contre tous, entraînant avec lui sa fille et son petit-fils dans cette étrange aventure...

Quelle mouche l'a piqué ?

Lorsque j'entends ce passage d'Évangile qui parle de « laisser les morts enterrer leurs morts », le roman de Garcia Marquez me revient toujours en mémoire, car je ne comprends pas la dureté de Jésus envers cet homme qui lui demandait simplement d'aller enterrer son père avant de marcher à sa suite : « Laisse les morts enterrer leurs morts. Toi, va annoncer le règne de Dieu. » C'est trop fort. Comment Jésus peut-il inviter à mettre au second plan un geste d'accompagnement et de respect filial aussi élémentaire ?

Un peu plus loin, à un autre homme qui lui disait : « Je vais te suivre, Seigneur ; mais laisse-moi d'abord faire mes adieux aux gens de ma maison », Jésus répond encore plus durement : « Celui qui met la main à la charrue et regarde en arrière n'est pas fait pour le Royaume de Dieu. »

Quelle mouche l'a donc piqué ?

Inutile de tourner autour du pot, d'adoucir, d'atténuer, de jouer à cache-cache avec le texte. Il y a dans l'Évangile des passages provocants, insupportables. Encore faut-il essayer de comprendre ce qui se passe, d'expliquer cette dureté, cette exigence presque inhumaine.

Si vous avez vu le film de Pasolini *L'Évangile selon saint Matthieu*, vous avez peut-être encore en mémoire ce visage du Christ, à la fois très tendre et très dur, ce Christ toujours en marche, toujours pressé, comme s'il y avait le feu, comme s'il courait d'urgence en urgence, comme si tout l'Évangile se déroulait au pas de course...

Il serre les dents

C'est un peu ce qui se passe ici. D'ailleurs Luc écrit quelques versets plus haut : « Comme le temps approchait où Jésus allait être enlevé de ce monde, il prit avec courage la route de Jérusalem. » Le texte grec dit même, ce qui est plus exact : « Il durcit son visage vers Jérusalem. » Jésus marche vers la croix et il serre les dents. Ses jours sont comptés. L'affrontement final approche. Ce n'est plus le moment d'hésiter, de tergiverser, de se retourner, d'enterrer ses morts... Celui qui veut suivre Jésus prend alors avec lui cette route de Jérusalem, sans délai et sans condition.

Des textes d'Évangile presque « impossibles », comme celui-ci, il ne faut peut-être pas les éviter, les contourner, mais plutôt les porter en soi, comme une écharde dans la chair. Non pour se donner mauvaise conscience. Surtout pas. Mais parce qu'un jour imprévu, qui sait ? ils accompagneront des pas difficiles.

Dans l'histoire que je racontais au début, le colonel, sa fille et le petit garçon n'imaginaient sans doute pas qu'un jour ils suivraient seuls, à eux trois, sous les regards haineux, la dépouille du vieux docteur. Bien décidés à enterrer « leur » mort, ils prenaient eux aussi, à leur manière, le chemin de Jérusalem.

3.

Le piège à bon Dieu

Alors les pharisiens tiennent conseil pour voir comment piéger Jésus en le faisant parler.

Ils lui envoient leurs disciples avec des partisans d'Hérode qui lui disent :

« Dis-nous donc ton avis : est-il permis de payer l'impôt à César, oui ou non ? »

Matthieu 22, 15-17

Comment le piéger ? Voilà leur obsession. Il faut dire que maintenant, c'est la guerre ouverte entre Jésus et ses adversaires et que lui s'y connaît aussi pour mettre le feu aux poudres. Rappelez-vous l'histoire des vignerons homicides ou celle des invités à la noce. Quelle décharge ! Leur sortir comme ça en pleine figure que le Royaume ne se mérite pas, qu'il y aura des surprises à table...

Dans le secret, les grands prêtres et les pharisiens l'ont déjà condamné. Reste à y mettre les formes...

Spécialistes en farces et attrapes religieuses, ils vont inventer un nouveau piège : le piège à bon Dieu !

Leur stratégie est simple : il doit parler. Un peu trop si possible. Comment ? Par la torture ? Non. Mieux que ça. L'idéal serait qu'il se tue lui-même en ouvrant quelques mots piégés. Il suffirait d'un mot dégoupillé... Et pour bien amorcer l'explosif, rien de tel qu'une question qui divise profondément l'opinion publique : l'impôt à César.

Chèvrechouteux

Parce que ça, les impôts, on connaissait déjà au temps de Jésus !

Des impôts religieux d'abord, comme « l'impôt du Temple » qui servait à l'entretien du sanctuaire et des prêtres en service, ou comme la célèbre « dîme » qui correspondait à un dixième des produits du sol. Sans ce prélèvement, la récolte était considérée comme impure. La manger eût été un péché.

Des impôts civils aussi, comme les droits de douane ou de péage. Leur perception était confiée par contrat quinquennal à des fermiers généraux qui se faisaient aider par des percepteurs locaux : les publicains.

À quoi s'ajoutaient deux impôts directs, le « tribut par tête » qui frappe les biens mobiliers et le « tribut du sol » ce fameux « impôt à César » perçu par les agents du fisc impérial et considéré comme très infamant par la population : la preuve la plus tangible de l'occupation romaine. N'oublions pas que nous sommes aux environs de l'an 30. César s'appelle Tibère. Fils adoptif d'Auguste, le deuxième empereur romain, fin politique, stoïcien hautain et misanthrope, a quatre-vingt-huit ans. Il s'est retiré sur l'île de Capri en 27 et gouverne son empire par l'intermédiaire de Séjan, un ministre cruel qui multiplie les exécutions et les empoisonnements.

Pour les zélotes, des « révolutionnaires » ultranationalistes, résistants de la première heure et proches de leurs prestigieux ancêtres, les Macchabées, pas question de payer le fameux impôt. Ils l'interdisaient à leurs membres.

Par contre, les hérodiens collaborent : partisans de la famille régnante et très favorables aux Romains, ils encouragent donc vivement le versement.

Quant aux prêtres et aux pharisiens... disons qu'ils chèvrechoutent ! Il faut payer, oui, mais sans être d'accord ! Ils cherchent des aménagements, des justifications : l'empereur ne reçoit-il pas son pouvoir de Dieu ?

Retour à l'expéditeur

« Alors, Maître, dis-nous : est-il permis de payer l'impôt à César oui ou non ?

— Comédiens ! Montrez-moi la pièce qui sert à payer l'impôt. »

Ils lui présentent une pièce de monnaie. Ils en avaient donc sur eux ! Ils s'en servaient ! Ils collaboraient ! Retour de la monnaie à l'expéditeur : « Rendez donc à César... » Voilà les piégeurs piégés. La grenade explose, oui, mais pas là où ils l'avaient déposée.

Depuis lors, nous nous sommes souvent bouché les oreilles pour ne pas entendre la déflagration. Nous avons aménagé le territoire : la semaine à César, le dimanche à Dieu. Alors que Jésus, lui, ne sépare pas. Il ne confond pas non plus : à César *et* à Dieu. La mystique et la politique. Pour Jésus, le spirituel est au cœur du temporel.

« Stupéfaits de ce qu'ils viennent d'entendre, ils le laissent et s'en vont », nous dit l'Évangile. Pas pour longtemps. Ils reviendront bientôt. Avec César. Pour arrêter Dieu.

4.

Le Paradis
n'est pas un Club Méditerranée

> *« Or, il y avait sept frères : le premier se maria et mourut sans enfant ; le deuxième, puis le troisième épousèrent la veuve, et ainsi tous les sept (...). Eh bien, à la résurrection, cette femme, de qui sera-t-elle l'épouse, puisque les sept l'ont eue pour femme ? »*
>
> Luc 20, 29-33

Quelle étrange histoire que celle de cette femme qui a eu sept maris. Et quelle étrange question aussi : de qui sera-t-elle la femme au Paradis ?

Une fois de plus, on veut tendre un piège à Jésus. D'habitude, ce sont les pharisiens qui se chargent des colles. Ici, les questionneurs sont tout différents : c'est le groupe des sadducéens dont les positions religieuses, très conservatrices, se caractérisent, entre autres, par le fait qu'ils ne croient pas en la résurrection. D'où leur question ironique : la femme aux sept maris, de qui sera-t-elle la femme en fin de compte ?

Ne riez pas trop vite... N'y a-t-il pas, aujourd'hui encore, en beaucoup de chrétiens, un sadducéen qui sommeille ? Il n'est pas rare de croiser des croyants qui disent... ne pas croire à l'au-delà. Ou alors, leur imagination débordante n'a rien à envier à celle des sadducéens ! On fait du ciel un palais des mille et une nuits, un paquebot *France* pour milliardaires de la vertu ou un Club Méditerranée dont les curés seraient sans doute les « gentils organisateurs »... J'ai même connu un très sérieux professeur de philosophie qui prétendait qu'au ciel tous les célibataires pourraient enfin se rattraper ! Comme si saint Pierre allait confectionner pour chacun une âme sœur sur mesure...

Cette vision du ciel comme la réalisation de tous nos rêves, comme l'accomplissement de tous nos manques, comme la résolution de tous nos conflits, c'est justement la conception « non croyante » des sadducéens. Dans cette perspective, la résurrection est une régression, une compensation, un retour en arrière, une manière de récupérer ce qu'on n'a pas eu sur la terre.

Les secrets de Dieu

Lorsque nous nous interrogeons sur la sainteté, sur la mort, l'au-delà, il faudrait peut-être prendre plus au sérieux cette autre interrogation incroyante que nous propose le livre de la Sagesse dans la liturgie du 2 novembre : « Notre existence est brève et triste, rien ne peut guérir l'homme au terme de sa vie, on n'a jamais vu personne revenir du séjour des morts. » (Sagesse 2, 2) C'est vrai. Nous ne savons rien de l'au-delà. Aucun journaliste n'a encore réussi à nous en proposer un reportage. Mais n'oublions pas de lire le texte jusqu'au bout : « Ceux qui parlent ainsi ne connaissent pas les secrets de Dieu, ils n'espèrent pas que la sainteté puisse être récompensée. »

Voilà la merveilleuse réponse de la Bible : l'au-delà, c'est le secret de Dieu ! Qu'il nous suffise de savoir que nous le construisons chaque jour, que la sainteté est récompensée, que toutes ces situations vécues « pour le meilleur et pour le pire » inaugurent déjà notre éternité. Le Paradis ne rétablit pas le passé (heureusement !) ; il ne remet pas tout en ordre ; il n'est pas la fin d'une histoire mais son commencement. Pourquoi voudrions-nous qu'elle soit déjà écrite ?

5.

Le pain vivant et la tombe-frigo

> *« Moi, je suis le pain vivant, qui est descendu du ciel :*
> *Si quelqu'un mange de ce pain, il vivra éternellement. »*
>
> Jean 6, 51

Heureuse madame Van Rossem ! Cinq mois après son décès, elle va enfin goûter aux joies d'un repos éternel et frigorifique grâce à la persévérance de son milliardaire de mari.

L'histoire commence comme un conte de Perrault... Avant de quitter ce monde pour des cieux plus cléments (?), Nicky Van Rossem fait jurer à son tendre époux qu'il lui offrira pour dernière demeure une belle chambre froide. Ainsi, après avoir sponsorisé une écurie de formule un, Jean-Pierre Van Rossem se lance dans un nouveau défi et cherche une municipalité qui accepte l'aménagement de ce tombeau révolutionnaire. Mais le temps presse. L'homme d'affaires flamand décide de passer à l'acte et fait construire à Bruges la fameuse tombe-frigo en question.

Seulement voilà : se basant sur des règlements communaux et sur un avis du ministre de l'Intérieur, la ville ne délivre pas le permis d'inhumer.

Obligé de laisser son épouse à la morgue et de payer trente euros par jour de location, monsieur Van Rossem vient enfin de trouver accueil et compréhension au pays de Gand où le collège municipal a donné son accord pour la construction du tombeau. Ouf ! Madame Van Rossem qui risquait d'être en froid avec son époux repose en paix et en congélateur. Avec l'espoir que le système fonctionne sans défaillance jusqu'aux siècles des siècles.

Mangez-moi

Ce fait divers n'est pas innocent. À sa manière, il rejoint toute une interrogation contemporaine sur l'au-delà qui dépasse largement les seules sphères chrétiennes. Car la vie éternelle est bien de retour aujourd'hui, y compris à la devanture des librairies.

Jésus, lui aussi, propose la vie qui n'en finit pas, mais par un autre chemin : « Celui qui mange ma chair et boit mon sang a la vie éternelle. »

C'est énorme et c'est interdit.

On comprend que les Juifs protestent et que les

premiers chrétiens aient été accusés de cannibalisme !

Jésus invite pourtant à franchir l'interdit. À passer la frontière. À réaliser l'impossible.

Mangez-moi ! Si vous ne me mangez pas, vous n'aurez pas la vie en vous.

Mangez-moi et laissez-vous manger.

Rompez-moi et laissez-vous rompre. Et moi je vous ressusciterai. Car c'est à travers cette rupture-là que l'éternité commence.

Éternel retour

Comme ses disciples déconcertés lui parlaient de réincarnation et lui racontaient l'aventure de madame Van Rossem, Jésus leur dit :

« Pourquoi jouer les prolongations ?

Pourquoi maintenir le statu quo ?

Pourquoi rembobiner la séquence ?

Pourquoi sauver les apparences ?

Pourquoi cet éternel retour en arrière ?

Pourquoi cette vision pessimiste de l'homme ?

On n'enferme pas l'éternité dans une chambre frigorifique. On n'emprisonne pas l'avenir dans un tombeau révolutionnaire.

On n'assigne pas l'immortalité à résidence secondaire.

Construisez-vous donc une maison qui ne passera pas.

Votre maison, c'est mon sang.

Votre avenir, c'est ma chair.

Votre éternité, c'est le pain descendu du ciel.

Un pain vivant qui ne se garde pas au frigo. »

6.

Le passeur de silence

« Hosanna ! Béni soit celui qui vient au nom du Seigneur ! Béni le Règne qui vient, celui de notre Père David.
Hosanna au plus haut des cieux ! »

Marc 11, 9-10

« Tu ne réponds rien aux témoignages que ceux-ci portent contre toi ? »
Mais lui gardait le silence.

Marc 14, 60-61

Excellent reporter, Marc s'y entend comme pas un pour donner un rythme, saisir un geste, observer le regard qui cherche un autre regard.

De la Passion dont il rend bien le caractère tendu, dramatique, il a retenu le silence, l'obstination de Jésus, « une obstination qui se fait si proche que ce silence têtu en devient énorme ». (J. Debruynne)

À quoi pense Jésus sur la route qui monte à Jérusalem ? Quelle émotion l'habite lorsqu'il entre dans sa ville ? Voit-il les manteaux sur le sol, les feuillages coupés dans la campagne ? Et les enfants qui vont et viennent autour de l'ânon ? Entend-il les cris et les rires, les bravos ?

« Hosanna ! Tu es le Fils de David ! »

Il se tait. Ils vont franchir la porte. Voudront-ils passer avec lui ? Il les aime, ceux-là qui l'acclament, mais « il craint par-dessus tout les adhésions superficielles produites par de fausses fraternités ». (Sulivan)

Il se tait. Pourquoi parler encore ? Il a tout dit « Remplissez d'eau ces jarres. » « Donne-moi à boire. » « Va. Ne pèche plus. » « N'ayez pas peur. » « Levez-vous. » « Regardez les lys des champs. » « Vivez ! » « Vous valez plus que votre argent. » « Heureux êtes-vous, si... »

Il se tait. Mais son silence est lourd de tant de paroles étouffées, de tant de rires écrasés, de promesses bafouées, de coups et de crachats, de cortèges dérisoires et de fêtes sans lendemain... Iront-ils avec lui jusqu'au prétoire ?

Le cortège vient de quitter la ville. Au même pas lent, dans le même brouhaha, les mêmes odeurs, sur la même route jonchée de rameaux morts. Presque les mêmes cris, les mêmes slogans, inversés. Presque les mêmes gens peut-être, quelques soldats exceptés, quelques femmes en plus, et l'ânon derrière.

« Ô mon peuple, que t'ai-je fait ? »

Il se tait. Sur le chemin du grand passage, son silence porte maintenant le silence de millions d'affamés de pain ou de travail ; silence des peuples bâillonnés, déportés ; silence des Noirs dans leurs ghettos, des dissidents dans leurs goulags, des épuisés dans leur désert ; silence des écorchés en Birmanie ; silence des « folles » du Tibet, des folles et des fous d'inquiétude pour leurs enfants, leur famille, leur emploi, leur avenir.

Il se tait, le passeur de silence, des silences du monde. Tant de choses doivent encore passer par la mort, passer par lui, avec lui, en lui, Dieu-passant, entre deux collines, entre deux rives, dans ce va-et-vient de l'Évangile.

Il se tait. A-t-il vu qu'un rameau fleurit sur le bois de la croix ?

7.

Lazare ou le jeu de Dieu

« Seigneur, si tu avais été ici, mon frère ne serait pas mort. »

Lorsqu'il les vit se lamenter, elle et les Juifs qui l'accompagnaient, Jésus frémit intérieurement et il se troubla.

Il dit : « Où l'avez-vous déposé ? »

Ils répondirent : « Seigneur, viens voir. »

Alors Jésus pleura.

Jean 11, 32-35

À quel jeu joue donc Jésus dans cet Évangile ? D'accord, il pleure la mort de son ami Lazare et, devant la détresse de Marie, il est « bouleversé d'une émotion profonde », dit saint Jean. Bouleversé, mais pas pressé. Voilà pourtant deux jours que les sœurs l'ont prévenu : « Celui que tu aimes est malade. » Au lieu de se précipiter, il prend son temps, et lorsqu'il arrive enfin à Béthanie, il a encore l'audace de déclarer : « Lazare est mort et je me réjouis de n'avoir pas été là... pour que vous croyiez. » Difficile d'imaginer meilleure entrée en scène du prestidigitateur qui veut faire languir la foule, monter le suspense, pousser son art toujours plus loin et déclencher finalement des tonnerres d'applaudissements.

Un grand numéro

On comprend alors que les écrivains fascinés par le personnage de Lazare voient ici un grand numéro de réanimation, comme Alain Absire, par exemple, qui dans *Lazare ou le grand sommeil* (Calmann-Lévy) s'en donne à cœur joie, ou plutôt à cœur peine, en nous racontant l'histoire de ce revenant qui revient du néant, triste et dépité. Véritable cadavre ambulant, il sent la terre froide, l'huile rance, la pourriture. Il pue la mort comme ce n'est pas permis. Pensez donc : quatre jours.

Jésus remet sur pied un déchet que les siens ne reconnaissent pas dans ce piteux état. Pas étonnant que Lazare ne soit guère disposé à lui rendre grâce. Il ne lui avait rien demandé, à ce Nazaréen. D'ailleurs, il n'a fait le « miracle » que pour sa propre gloire, c'est écrit : « Si tu crois, dit-il à Marthe, tu verras la gloire de Dieu. »

Absire dont le récit, du reste, est fort stimulant, a-t-il lu saint Jean jusqu'au bout ? A-t-il perçu que le « jeu de Dieu » passait ici par un autre chemin ? A-t-il mesuré que la vedette dans toute cette histoire n'était pas Lazare, le revenant, mais Marthe, la voyante, et Jésus, l'ami bouleversé ? Quel intérêt pour lui d'allonger le passé comme on allonge une sauce au point de lui faire perdre goût ? De prolonger un vieux garçon, de maintenir un souffle, de faire survivre un vieillissement ?

Jésus ne fait pas du mauvais théâtre. Il ne joue pas les prolongations. Il ne réanime pas un cadavre. Regardez les mots de l'Évangile : il se trouble ; il frémit ; il pleure. Mais surtout, il crie, il hurle : « Viens dehors ! » Sors. Fiche le camp. Va. Respire.

Il joue sa tête

Les chefs des Juifs ont reçu le message sept sur sept. Jésus joue, oui, mais il joue sa tête, il joue son propre rôle, sa propre histoire, l'histoire d'un Dieu qui délie, qui détache, met en branle et provoque la débandade. En poussant la pierre du tombeau, il ouvre un trou béant dans leur système. En ressuscitant Lazare, il signe son propre arrêt de mort.

Dieu ne nous retient pas : « Je vais ouvrir vos tombeaux, ô mon peuple. » Il joue à faire rouler les pierres et à délier les pieds et nous invite à en faire autant : à sortir dehors, à rompre le pain, à briser le parfum pour que se répande la bonne odeur du pardon ; à ôter les bandelettes qui nous emprisonnent et le suaire qui nous enveloppe le visage ; à partager la robe et à déchirer le rideau du Temple ; à jouer, oui, à jouer surtout au grand jeu de la tendresse de Dieu.

8.

« Marie, Marie, attends-moi ! »

Jésus lui dit : « Marie. »
Elle se retourne et lui dit en hébreu :
« Rabbouni », ce qui signifie maître.
Jésus lui dit : « Ne me retiens pas ! »

Jean 20, 16-17

Lorsque Marie-Madeleine se rend au cimetière, de grand matin, « dans le frileux » comme dit Jean Debruynne, le sac plein d'aromates, de fleurs et de souvenirs, elle n'a pas oublié ce jour fou où elle s'est blottie contre Jésus avec son parfum, lui caressant les pieds de ses baisers et de ses cheveux, perdue de détresse, éperdue de tendresse. Et cet autre jour, un peu plus tard, où elle lui a dit, reconnaissante :

« Toi qui n'as pas d'endroit
Où reposer ton front,
J'ai des mains, j'ai un cœur,
J'ai mon ventre et mes seins,
J'ai mon corps accueillant

Si tu veux lui donner
Ton corps livré pour nous
Et pour la multitude. »
(Didier Rimaud)

Aujourd'hui, ce corps livré pour nous, pour elle, elle voudrait le parfumer, le caresser une dernière fois. Les mots de Mab Rimouski saignent en elle, doucement, et la bercent en chemin tandis qu'elle avance à grands pas :

« Je couvrirai ton corps d'herbes
nouvelles,
J'inventerai des mots moins
éphémères,
Je te dirai que la nuit est finie
Que tu es là, que tu n'as pas bougé,
Que tu es là et que tout ressouvit. »

La voilà au tombeau, mais personne ne l'a prévenue : « Les morts ne dorment pas où leur nom est gravé », selon la merveilleuse expression de Simone Conduché. Plus amoureuse que jamais, Marie-Madeleine touche alors le fond de l'abîme lorsqu'elle mesure qu'elle ne pourra étreindre et réchauffer ce corps froid qu'elle attendait et le couvrir d'herbes nouvelles.

Un linceul entre les mains

Je pense à toutes celles, tous ceux qui arrivent au tombeau vide de nos actualités quotidiennes et se retrouvent avec un linceul entre les mains : Hélène, une amie, rongée par un cancer et qui sent que son corps lui échappe ; les parents du petit Nicolas qui campent au bord du canal, affolés, parce que voilà des jours qu'on ne retrouve pas le corps de leur enfant noyé ; ces épouses, ces mères de disparus, d'emprisonnés, de torturés, qui voudraient caresser, consoler, étreindre un moment le corps bien-aimé ; ces exilés, déportés, déplacés qui, peut-être, n'embrasseront plus jamais le corps de leur région, de leur pays, de leur maison en ruine.

« Ne me touche pas »

Marie-Madeleine était restée dehors près du tombeau et elle pleurait, nous dit l'Évangile, lorsqu'un homme qu'elle prend pour le jardinier lui demande : « Pourquoi pleures-tu ? Qui cherches-tu ? » Elle ne le reconnaît pas.

« Marie ! » dit alors Jésus, comme on prononce le nom d'une femme aimée.

« Rabbouni ! » murmure-t-elle, et son cœur se met à battre la chamade. Elle se précipite pour le serrer dans ses bras mais le corps retrouvé lui échappe pour la seconde fois. « Ne me touche pas », dit doucement Jésus. Pas maintenant. Pas encore. « Va trouver mes frères. »

Bouleversée de tendresse, Marie obéit et fait naître une Église, dans le secret. Elle sait bien, maintenant, que la résurrection ne ferme pas la cicatrice, qu'elle devra vivre à cœur et à corps blessés, qu'elle va devoir « durer dans l'insécurité » et que c'est ça l'espérance comme disait le père Riobé. Mais elle sent aussi dans son corps comme un goût d'aimer, comme une fleur, comme un printemps qui revit, très en dessous, qui « ressouvit » en elle.

Je sais qu'au soir de Pâques, Hélène n'aura pas retrouvé la santé, que les exilés ne seront pas tous rentrés à la maison ; que pour beaucoup de chômeurs, de chômeuses, le pain quotidien, lorsqu'il y en a, gardera le goût de l'inquiétude, et qu'il faudra encore beaucoup « passer », beaucoup marcher « de grand matin, quand il fait encore sombre ». Mais je sais aussi que ce sera plus facile depuis qu'une femme presque morte a donné naissance au bord d'un tombeau. Je la vois d'ailleurs qui court au loin et me fait signe :

« Marie, Marie, attends-moi ! Moi aussi, je vais trouver mes frères... »

VIII.

Comme une trace effacée

ÉLOGE DE LA FRAGILITÉ

Je chante le souffle de l'Esprit qui fait voler le sable du monde.

Car tout s'efface, et la liberté est avec le vent.

Alain Houziaux,
Paraboles au quotidien.

1.

Un jour pareil aux autres

Les disciples qui rentraient d'Emmaüs racontaient ce qui s'était passé et comment ils avaient reconnu le Seigneur quand il avait rompu le pain.

Luc 24, 35

Les deux hommes étaient graves et ruminaient de sombres pensées. « De quoi parliez-vous ? » demande Jésus qui venait de les rattraper. « Comment ! » s'exclame Cléophas, outré. « Tu es bien le seul de la région à n'avoir pas regardé le JT hier soir. Tu n'as donc pas vu les images du Burundi, le massacre de nos frères à Hébron et la condamnation d'un juste par un jury populaire à la solde de quelques grands prêtres exilés ?... »

Jésus ne répond pas. Ou plutôt, si. Il évoque la musique des champs, la douceur de l'air, le parfum des femmes... Mais comme la tristesse ne paraît pas les quitter, il en vient quand même à l'actualité : « Vous parlez de ce juste, dit-il, d'une erreur judiciaire, du massacre des innocents au tombeau des prophètes, du Burundi... Partout le repli, la haine, l'impossible identité. Regardez jusqu'où peut aller une mémoire mal vécue. Je ne vous dis pas d'oublier. Je ne vous dis pas d'effacer. Il faut garder la trace de nos ratures, la mémoire de nos humiliations. Mais pas jusqu'à l'obsession. Même le mal qui nous a blessés, il faut en vivre le deuil. Le pardon guérit la mémoire jusqu'à la racine[1]. »

La miche est enceinte

L'autre disciple n'en croyait pas ses oreilles. Cléophas non plus qui sentait de la douceur entrer en lui en même temps que le soir.

« Reste avec nous : tu ne vas pas t'en aller comme ça. »

Il accepte d'entrer un moment.

On leur apporte du vin, des olives, des feuilles de thym, des oignons, et du pain bien sûr.

Il prend le pain...

Les serveuses ont-elles vu ?

Et l'aubergiste que Jean Grosjean a entendu grommeler dans la cour ?

Il prononce la bénédiction, partage le pain et pâlit : « Il savait qu'on ne mange que pour la mort[2]. »

---

1. Librement inspiré d'une interview de Paul Ricœur à l'agence CIP.

2. Jean Grosjean, *Le Messie*, Gallimard, 1974.

À quoi l'ont-ils reconnu ? Au geste ? À la voix ? Au trouble, dit Grosjean.

Moi, je crois que la voix y était pour beaucoup.

Ses mots pénètrent le pain.

Sa parole entre dans la chair : « Ceci est mon corps. »

La miche est enceinte : « Prenez et mangez. »

Leur corps est tout chaud et leur cœur encore plus lorsqu'il ajoute : « Faites ceci en mémoire de moi. »

Venir en dessous

En mémoire. *In memoriam*. Une expression qu'on trouve dans les cimetières et les nécrologies, mais qu'on devrait plutôt graver sur les auberges.

Comme il a disparu, ils règlent le repas et reviennent sur leurs pas. Pas pour retourner en arrière mais pour entrer plus loin en eux.

Ils se souviennent. Ils viennent en dessous. En dessous du tombeau des prophètes, en dessous du Burundi, en dessous du calvaire, en dessous de l'actualité. Et ils entendent comme au jour de l'appel :

« Quel est ton nom ?

— Moi, c'est Pierre.

— Moi, Barthélemy.

— Moi, Cléophas. »

Quand on se souvient de son nom, dit Alves, les

mauvais esprits s'enfuient... et la résurrection peut commencer [1].

« J'entends les oiseaux du ciel, dit Cléophas.

— Je vois les lys des champs », ajoute l'autre disciple.

Pourtant, nous marchons sur la même route, le même jour, renchérit Cléophas. Il fait juste un peu plus sombre.

« Chaque jour, explique Octavio Paz, nous traversons la même rue, le même jardin ; chaque après-midi, nos yeux rencontrent le même mur rouge (...). Et soudain, un jour pareil aux autres, la rue débouche sur un autre monde, le jardin vient juste d'être planté, le mur fatigué est couvert de signes... »

Chaque jour, un jour pareil aux autres,
le cœur brûle,
la chair tremble,
le pain frémit,
les douleurs de la résurrection commencent...

---

1. Rubem Alves, *Le Mangeur de paroles*, Cerf, 1993.

2.

Touche pas à mon doute !

Or Thomas, l'un des Douze, celui qu'on appelle Didyme, n'était pas encore avec eux quand Jésus vint.

Jean 20, 24

Sacré Thomas ! Dieu sait si on lui en a fait une de réputation. Thomas le sceptique, Thomas l'incrédule, Thomas le patron des incroyants et des libres-penseurs. Thomas, l'abominable homme des preuves : « Si je ne mets pas la main dans son côté, non, je n'y croirai pas ! »

Et alors ? Ils étaient plus malins les autres, plus croyants ? Comme s'ils n'avaient pas tous douté devant la tournure des événements. Calfeutrés dans leur planque, barricadés à double tour dans leurs souvenirs d'anciens combattants, ils ont aussi cherché des preuves...

Et si Thomas était le seul à avoir mesuré le véritable enjeu de la Résurrection, lui, Didyme, le jumeau ? Au fait, pourquoi l'appelait-on ainsi ?

L'Évangile ne parle nulle part de son frère de lait ! Serait-ce parce qu'il y avait deux hommes en lui ? En tout cas, observe le père Mourlon Beernaert, Thomas est bien le jumeau de chaque chrétien, « le jumeau qui doute », notre double...

« S'avancer à l'obscur »

Au fond de sa prison sibérienne, Dostoïevski se sent bien proche de Thomas lorsqu'il écrit : « Je suis un enfant du doute et de l'incroyance, jusqu'à présent et même, je le sais, jusqu'au tombeau. » Mais il précise aussitôt, quelques lignes plus loin : « Si l'on me démontrait que le Christ est hors de la vérité, alors j'aimerais mieux rester avec le Christ qu'avec la vérité. » Comme quoi on dit souvent : « Je t'aime » avant de dire « Je crois » ! Normal, constate frère Roger qui souligne, lui aussi, à quel point « en chacun de nous le oui et le non se superposent », rejoignant ainsi la méditation de Jean Sulivan pour qui il faudra toujours « s'avancer à l'obscur », à la rencontre de ce Dieu réellement présent, oui, mais qui se donne en s'absentant : « Présence réelle. Il eût fallu de même parler de l'Absence réelle. Trouver le mot qui dirait à la fois présence et absence, la blessure dans la joie. »

Mon pote

C'est ainsi que je regarde Thomas : blessé et joyeux, enthousiaste et sceptique, inquiet aussi, « enfant du doute et de l'incroyance » qui a dû, petit à petit, lentement, douloureusement, naviguer à l'incertitude. Et lorsque Jésus lui dit : « Cesse d'être incrédule, sois croyant », j'y vois moins une injonction à ne plus douter qu'une invitation à larguer les amarres, à l'audace, au voyage de la foi.

Après avoir mis les doigts dans les plaies de Jésus, Thomas aurait pu continuer le petit jeu, demander d'autres preuves, d'autres signes, retourner de plus en plus au passé. Jamais alors il ne serait tombé amoureux au point de s'écrier : « Mon Seigneur et mon Dieu ! »

Touche pas à Thomas ! C'est mon pote. L'homme des vraies questions, qui n'achète pas la foi dans un sac. Oui, j'aime ce Thomas qui ne m'interdit pas de trouver des preuves mais me fait comprendre au même instant qu'aucune preuve, aucune relique, aucun miracle ne pourra me dispenser de douter, de chercher, de marcher en ce monde où, comme dit Lucien Guissard, « la chance de l'incertitude reste entière ».

3.

Cœur lézardé de peine

> *« Mais vous allez recevoir une puissance,*
> *celle du Saint Esprit qui viendra sur vous :*
> *vous serez mes témoins à Jérusalem,*
> *dans toute la Judée et la Samarie*
> *et jusqu'aux extrémités de la terre. »*
>
> Actes des Apôtres 1, 7-8

C'était il y a quelques années déjà, lors d'un colloque à Strasbourg. Il était alors professeur de journalisme à Lille. Il venait de perdre son épouse, Vivette – le joli nom ! –, peu de temps après l'Ascension. Nous nous sommes liés d'amitié.

Un dimanche, raconte-t-il, où ils avaient chanté, à la messe, le *Notre Père* à quatre voix, il se trouvait juste derrière sa femme. Elle lui avait dit plus tard qu'elle aimait l'entendre chanter derrière elle : « entendre ta voix d'homme sous ma voix de femme ».

C'est en mémoire de ce *Notre Père* que Maurice

Deleforge a voulu chanter une fois encore derrière elle le chant de leur « nouvelle alliance » comme il l'appelle avec bonheur. Il s'agit d'un petit livre de poèmes qui exprime la souffrance de la séparation et raconte un peu cet « ailleurs » qu'il faut chercher « ici ».

« Cœur lézardé de peine
il faut chercher l'ailleurs
et le chercher ici dans les décombres. »

Ni des fiers, ni des saints

J'imagine qu'après le départ de Jésus, les disciples, eux aussi, doivent être terriblement désemparés. Depuis des mois, ils chantent le *Notre Père* derrière leur rabbi... Et voilà qu'ils vont devoir chanter seuls, du moins le pensent-ils, et le chercher ailleurs, dans les décombres de leurs souvenirs.

« Vous allez recevoir une puissance, celle du Saint Esprit, leur a-t-il dit. Vous serez alors mes témoins à Jérusalem, dans toute la Judée et la Samarie, et jusqu'aux extrémités de la terre. »

Mais comment croire à cette « nouvelle alliance » ? Comment croire qu'une poignée d'hommes sortie d'un trou perdu, au fin fond d'une misérable colonie romaine, allaient atteindre le monde entier, chasser les esprits mauvais, parler un langage nouveau, prendre des serpents dans leurs mains et boire du poison sans en ressentir aucun mal ?

Nous ne croyons plus beaucoup à ces signes merveilleux.

Comment chasser les « esprits mauvais », neutraliser les « poisons », guérir les « maladies » de nos sociétés ? demande Gérard Bessière.

Pour cela, nous avons besoin de témoins. De témoins de l'Évangile. De témoins d'aujourd'hui qui disent et redisent qu'ailleurs est ici et que « les extrémités de la terre », c'est chez nous. « Qui oserait croire encore si les témoins se taisent ? » interroge Charles Singer, qui ajoute :

« Ni des fiers ni des saints
ne sont demandés,
mais des bouches de Dieu
même gercées
semant sa Parole,
des mains de Dieu
même salies
déployant sa tendresse,
des amis de Dieu, même chancelants. »

Peut-être, comme les disciples, ne vous sentez-vous pas capables de ce témoignage parce que vous avez le « cœur lézardé de peine » ? Alors « il faut chercher l'ailleurs, et le chercher ici », et ne pas oublier le chant de l'Ascension. Il nous invite, au *Notre Père*, à mêler nos voix d'hommes à la voix de Dieu.

4.

Le corbillard sidéral

Comme ils fixaient encore le ciel où Jésus s'en allait, voici que deux hommes en vêtements blancs se tenaient devant eux et disaient :

« Galiléens, pourquoi restez-vous là à regarder vers le ciel ? »

Actes des Apôtres 1, 10-11

J'en connais d'autres qui, demain, vont « fixer le ciel » avec leurs jumelles, et pas du tout pour observer une nouvelle comète de Halley mais plutôt pour voir flotter là-haut leurs chers disparus !

Non, je ne vous conduis pas en bateau. Tout au plus en « corbillard sidéral ». Une entreprise de pompes funèbres américaine vient de s'associer à une firme d'astronautique pour lancer sur orbite Célestis I, le premier corbillard de l'espace qu'un journaliste a déjà baptisé « le HLM du dernier sommeil ».

« Plus près du Paradis »

C'est qu en effet on sera un peu serré dans cette capsule « bourrée à mort » puisque l'urne en question emportera les cendres de 10 330 défunts. À cinq mille euros la place, ça fait un peu cher pour une dernière croisière, mais ça devient tout à fait raisonnable lorsqu'on sait que le corbillard sidéral en question tournera au minimum soixante-trois millions d'années. Et puis, comme le souligne très justement la publicité de M. Franklin, le directeur du projet, il ne faut pas oublier que cette fantastique balade va nous conduire « plus près du Paradis ». La vie céleste garantie dès ici-bas, ça vaut bien quelques milliers d'euros, non ? Sans compter que le sépulcre de l'espace est fabriqué dans un matériau qui réfléchit parfaitement la lumière si bien qu'à la Toussaint ou en d'autres circonstances, pour peu que la nuit soit assez claire, il vous sera possible d'observer ce cimetière ambulant sous la lune et donc de faire signe, au passage, à vos défunts.

Dieu va danser en Dieu

Ce désir de monter « plus près du Paradis », de voir Dieu, de contempler sa gloire ne date pas du temps des capsules spatiales. Rappelez-vous l'extraordinaire dialogue de Moïse avec le Seigneur, au chapitre 33 du livre de l'Exode. Il voudrait tant voir Dieu de plus près, Moïse :

« Seigneur, de grâce, fais-moi voir ta gloire !

— Tu ne peux pas voir ma face, car l'homme ne peut me voir et rester en vie (...). Quand passera ma gloire, je te mettrai dans le creux du rocher et, de ma main, je t'abriterai tant que je passerai. Puis, j'écarterai ma main et tu me verras de dos... »

Les apôtres aussi auraient payé gros pour voir Jésus à n'en pas finir et plus encore pour franchir avec lui les espaces célestes. Ah, s'il y avait une place dans son char sidéral ! Mais c'eût été leur mort...

L'Ascension ne nous dit pas de baisser les bras – au contraire ! – mais de baisser la tête pour rejoindre « le pauvre qui va sans bruit dans l'herbe du monde ». « Crois-tu que j'aurais tant désiré voir Dieu si je n'en avais perçu les traits dans ton regard ? » dit Dante à Béatrice dans *La Divine Comédie.*

J'aime ce Dieu qu'on ne peut voir que de dos. Un Dieu qui nous abrite à son passage. Le Dieu des traces qui vient mêler ses pas à nos pas sur le sable.

J'aime ce Dieu dont il vaut mieux ne pas trop dessiner le visage « car ceux qui par détresse l'inventent vont trop vite », écrit Rainer Maria Rilke, et cherchent trop peu « l'intimité de son absence ardente ».

J'aime ce Dieu qu'évoque merveilleusement Synésios, un évêque-poète du IVe siècle : « Bientôt, tu te mêles au Père et, Dieu, tu vas danser en Dieu. »

Le Dieu de l'Ascension ne nous appelle pas dans l'espace, avec ou sans corbillard. Il nous envoie danser en Dieu parmi nos frères.

5.

Quel est l'âge de votre muguet ?

Puis il les emmena jusque vers Béthanie et, levant les mains, il les bénit.
Tandis qu'il les bénissait, il se sépara d'eux et fut emporté au ciel.
Ils se prosternèrent devant lui, puis ils retournèrent à Jérusalem, remplis de joie.

Luc 24, 50-52

Comme le premier mai dégage souvent une petite odeur d'Ascension, me permettrez-vous de vous offrir ici un brin de muguet ? Non pas seulement pour sacrifier à la tradition mais parce qu'à la manière de l'Évangile, le muguet sent bon et peut être dangereux ! Son nom français évoque en effet l'odeur de muscade, ce qui, par déformations successives, a donné « mugade », « mugate », « muguette » et enfin « muguet ». Un mot dans lequel on retrouve le latin *muscus* (musc). Vous voyez bien que nous sommes au pays des parfums prononcés ! Et au royaume de la prestidigitation puisque la muscade, la noix du fruit produit par le muscadier, est aussi une petite boule de liège utilisée par les escamoteurs – les illusionnistes si vous préférez – à l'occasion de leurs tours de passe-passe. D'où l'expression « Passez muscade » à propos d'une chose que l'on fait disparaître avec subtilité !

Si j'ajoute que depuis 1534, mugueter veut dire courtiser, et qu'au XIXe siècle les guérisseurs de la vieille tradition russe ont mis au jour les propriétés de « médicament du cœur » du muguet... vous conviendrez qu'il faut plutôt l'approcher avec prudence puisqu'il contient des substances actives très proches de celles qu'on trouve dans la digitale, substances qui ralentissent, renforcent et régularisent le rythme cardiaque selon la fameuse règle des trois « r » bien connue des médecins.

À saute-mouton

N'allez pas imaginer que me voilà reconverti en herboriste patenté car tous ces renseignements, je les ai découverts dans le très beau livre de Jean-Marie Pelt, *Fleurs, fêtes et saisons*[1]. Un livre où l'auteur nous raconte aussi qu'en 1561 le chevalier français Louis de Girard cueillit dans son jardin un bouquet de muguet. Selon la légende, il l'offrit au roi – alors âgé de dix ans – comme porte-bonheur. Le 1er mai

1. Jean-Marie Pelt, *Fleurs, fêtes et saisons*, Fayard, 1988.

de l'année suivante, le roi Charles en offrit à son tour un brin à chacune des dames présentes à la cour en leur exprimant le même vœu et en souhaitant qu'il en soit désormais ainsi chaque année.

Allez-vous me taxer de vilain récupérateur si je vois aussi dans le muguet un porte-bonheur d'Ascension ? Jean-Marie Pelt ne dit pas cela, évidemment. Il n'empêche que ses explications « techniques » peuvent donner des idées...

Ainsi, le plus intéressant du muguet, paraît-il, concerne surtout ce qu'on ne voit pas : sa tige souterraine qui s'allonge d'année en année et qui rebondit à chaque printemps pour donner une nouvelle tige aérienne. La croissance du muguet s'effectue donc par à-coups, comme à saute-mouton : il progresse par un bout et périt par l'autre. Comme le dit encore Jean-Marie Pelt, cette tige souterraine, en hiver, est toujours « entre deux tiges », l'une à venir et l'autre à mourir.

La foi entre deux tiges

Le muguet serait-il donc immortel ? Non, sans doute. Mais bien malin celui qui pourrait dire quel est l'âge de ce muguet que vous tenez en main.

Si on vous offre un brin le 1er mai ou si vous allez vous-même en cueillir dans votre jardin, demandez-vous peut-être quel âge il peut avoir. Et quel âge peut avoir votre foi. Parce que la foi aussi joue à saute-mouton, grandit entre deux tiges, progresse par un bout et périt par l'autre... Heureusement ! N'est-ce pas pour cela qu'elle reste fraîche et qu'elle sent si bon ?

Je me dis qu'en revenant de Béthanie, après le départ de Jésus, si les disciples retournent à Jérusalem « remplis de joie » comme nous dit saint Luc, c'est peut-être parce qu'ils ont compris que lui-même jouait à saute-mouton ! Parce qu'ils sont sûrs qu'il rebondira bientôt parmi eux, au printemps de la foi, pour donner une nouvelle tige aérienne...

6.

Sur les genoux de Dieu

« Ces hommes qui parlent ne sont-ils pas tous des Galiléens ? Comment se fait-il que chacun de nous les entende dans sa langue maternelle ? »

Actes des Apôtres 2, 7-8

Vous connaissez ce slogan largement répandu depuis quelques années : « L'analphabète, demain, ne parlera qu'une seule langue ! » J'entends bien. Même si ce genre de raccourci simpliste fait injure à nos compatriotes qui se battent chaque jour avec l'alphabet pour sortir de leur enfermement. Mais j'entends aussi de nombreux pédagogues nous dire combien d'échecs proviennent de la non-maîtrise de la langue maternelle... Attention au bain linguistique trop précoce, préviennent de savants chercheurs.

« La fillette au moi dormant »

Je pense à Juliette. Pas question pour elle, de « bain linguistique ». Une lettre reçue ces jours-ci de La Ferme du soleil me raconte son histoire en deux mots :

Juliette est aveugle mais elle voit...
Juliette est sourde mais elle entend...
Juliette est muette mais elle peut parler...
Juliette est seule au monde...

Elle est autiste. Comme Sylvestre, « le Petit Prince cannibale » dont parle Françoise Lefèvre, sa maman : « Je t'aime. Je t'aime. Je sais que tu m'entends. Tu m'écoutes. L'audiogramme que tu as subi révèle que tu entends parfaitement. Alors, où vont les mots que je te murmure ? Je suis certaine qu'ils s'amoncellent quelque part. Tu me les restitueras un jour comme ces enfants sur les plages qui rapportent des trésors de coquillages. »

Les mots des apôtres aussi se sont amoncelés quelque part. « Parthes, Mèdes et Élamites, habitants de la Mésopotamie, de la Judée et de la Cappadoce »... les entendaient depuis tout un temps. Mais il a fallu « un bruit pareil à celui d'un violent coup de vent » pour que chacun les entende dans sa langue maternelle.

Quel est le vrai miracle de la Pentecôte ? La performance linguistique des apôtres ? Ou leur belle connaissance de la langue maternelle de l'Évangile ? Si les oreilles se déchirent et si les cœurs s'ouvrent, n'est-ce pas à cause de ces mots mille fois murmurés dans le dialecte du terroir ?

La chanson de l'Évangile

En Haïti, certains mots ne peuvent pas être murmurés en langue maternelle. Pierre Ruquoy, un missionnaire de Scheut, le sait bien, lui qui a longtemps dirigé Radio Enriquillo, en République dominicaine voisine. Au moment du coup d'État, les autorités dominicaines interdisaient à la station catholique d'émettre en créole à destination d'Haïti. Qu'importe. Puisqu'on ne peut plus raconter les nouvelles, on va les chanter, s'est dit Pierre Ruquoy ! Et de fait, pendant des mois, c'est en s'accompagnant à la guitare et en proposant des ballades populaires haïtiennes que l'équipe de Radio Enriquillo appelait à la résistance pacifique et murmurait à sa manière la chanson de l'Évangile.

Une chanson qu'un autre religieux, le père Marcel Jousse, dit avoir apprise sur les genoux de sa mère. Mort en août 1961, le célèbre anthropologue de la Sorbonne raconte qu'au soir, à la veillée, sur la petite chaise où elle s'était assise pour l'allaiter, sa maman le berçait en lui chantonnant la Bonne Nouvelle. « Jamais ma mère ne m'a "causé" l'Évangile. Toujours elle me l'a rythmo-mélodié... (...) C'est le plus beau souvenir que j'ai de cette petite paysanne illettrée qui n'avait été à l'école que trois hivers et qui m'a élevé et qui m'a instruit. Au fond, je ne sais que ma mère et Jésus et leurs berceuses... »

J'aime imaginer le Dieu de la Pentecôte qui me fait danser sur ses genoux comme une mère. D'ailleurs en hébreu, *rouah*, le souffle de vie, est féminin.

Un Dieu qui m'allaite et me chante sa berceuse dans la langue maternelle de l'Évangile.

Un Dieu d'infinie patience qui répète à Juliette, à Sylvestre et à tous les autistes que nous sommes quelquefois : « Je t'aime. Je t'aime. Je sais que tu m'entends. Alors, où vont les mots que je te murmure ? »

7.

L'alcootest s'est-il déréglé ?

« Ils sont pleins de vin doux. »

Actes des Apôtres 2, 13

Heureusement qu'à l'époque l'alcootest n'existait pas. Vous voyez ça d'ici : les disciples de Jésus, passablement éméchés, interpellés aux carrefours de Jérusalem et obligés de se soumettre à un contrôle de gendarmerie pour conduite en état d'ivresse ! En pleine fête de la Cinquantaine, au moment où la ville regorge d'étrangers. Franchement, pour l'image de marque...

Tout ravigotés

Célébrée depuis très longtemps, cette fête « des Semaines » dite aussi « de la Cinquantaine » se déroulait sept semaines après la coupe des premiers épis. On comptait, de fait, une cinquantaine de jours entre le début de la moisson des orges et la fin de la moisson des blés. Un début et une fin caractérisés par une offrande significative. En effet, au début de la moisson des orges, on offre à Yahvé et on mange des pains sans levain (le fameux pain azyme) en signe de renouveau. C'est le pain des nomades, des gens de passage. Le pain de la Pâque.

Cinquante jours plus tard, à la fin de la moisson des blés, on offre et on mange des pains levés, le pain de tous les jours chez les sédentaires. Plus tard seulement, cette fête de la Cinquantaine (Pentecôte = cinquante en grec) commémorera le souvenir de l'alliance entre Dieu et son peuple au Sinaï.

En tout cas, il y a du monde en ville, le jour de la Cinquantaine. Non seulement les pèlerins venus d'un peu partout célébrer la fête mais aussi tous les Juifs résidant en permanence à Jérusalem et qui proviennent des quatre coins du monde. Fallait vraiment qu'ils soient givrés, les disciples, pour sortir justement ce jour-là, eux qui depuis des semaines « avaient verrouillé les portes du lieu où ils étaient, car ils avaient peur des Juifs ». (Jean 20, 19)

Que s'est-il donc passé au fond de leur cachette ? A-t-il suffi que Jésus leur apparaisse, souffle sur eux et leur verse un bon coup de « Saint Esprit » pour qu'ils se sentent soudain tout ravigotés ? De fait, remarque Gérard Bessière, « l'Esprit leur monte à la tête. Dieu déborde ». Et il déborde tellement que certains s'imaginent qu'ils ont trop bu...

Au moins du 40 degrés

Cette accusation – « Ils sont pleins de vin doux » – menace-t-elle encore beaucoup de chrétiens aujourd'hui ? Où est-il donc passé, cet Esprit qui avait le don de faire tituber les premiers disciples ? « Qu'en avez-vous fait ? » s'écrie Jean Debruynne. « Où l'avez-vous caché ? Dans quel fond de tiroir ? » Qui donc a dit qu'il vous était réservé ? La divine bouteille ne vous appartient pas. L'Esprit souffle où il veut. En vente libre. En don libre. Dans et hors des Églises. Qu'attendez-vous pour y goûter et pour partager ?

Oui, je sais : il faut faire attention. Le « Santo Spiritu », vieille cuvée, fait au moins du 40 degrés, et lorsqu'on en boit, même à petites doses, il vaut mieux ne pas devoir souffler dans le ballon ! L'alcootest pourrait se dérégler. Je me demande d'ailleurs comment les gendarmes s'en sortiraient pour mesurer ce taux d'alcoolémie spirituelle.

Reste à voir si cette infraction nous menace sérieusement aujourd'hui. Il serait quand même étonnant qu'à l'Ascension ou à la Pentecôte, des pèlerins venus à Rome pour applaudir le pape reprochent à certains chrétiens d'avoir un peu trop forcé sur le Saint-Esprit.

8.

Quand Dieu a soufflé sur ma boue

> *« Quand viendra le Défenseur, lui, l'Esprit de vérité, il rendra témoignage en ma faveur. »*
>
> *« Quand il viendra, lui, l'Esprit de vérité, il vous conduira vers la vérité tout entière. »*
>
> Jean 15, 26 et 16, 13

Je pense à Jean-Paul, l'assassin du petit Olivier. Quelle « vérité » l'habitait donc lorsqu'il a piétiné à mort ce gosse de sept ans ? Pourtant les témoignages concordent : l'accusé aimait bien l'enfant. Les défenseurs réussiront-ils à convaincre le jury que leur client n'avait pas l'intention de donner la mort ?

Je pense à Yigal Amir, le jeune assassin du Premier ministre Rabin. Quelle « vérité » habitait cet étudiant en droit pour tenter de frapper ainsi la paix en plein cœur ?

Je pense à ces deux toxicomanes qui, pendant huit jours, vont semer la terreur, violer et tuer dans d'atroces circonstances. Comment ne pas comprendre l'immense douleur des familles brisées par ce drame ? Et la révolte, et le déchaînement des passions face à des actes qui, c'est vrai, crient vengeance au ciel. Pauvre jury. Qui le conduira vers la vérité tout entière... ?

Le moine et la poétesse

Dans l'Évangile de la Pentecôte, il est aussi question de vérité et de Défenseur. Et là, comme dans l'actualité, les témoins ont peur : ils se sont enfermés à double tour.

« J'aurais encore beaucoup de choses à vous dire, explique Jésus à ses disciples, mais pour l'instant vous n'avez pas la force de les porter. »

C'est donc qu'il faut être fort pour porter la vérité. Parce qu'elle est fragile, justement. Énorme parfois. Complexe. Et parce qu'elle s'exprime souvent du bout des lèvres, d'un mot, d'un regard. Parce qu'en chacun, même au cœur des faits divers les plus repoussants, elle peut avoir déposé une petite étincelle.

Cela vaut donc la peine d'être accompagné d'un défenseur pour la découvrir « tout entière ».

Je songe à un très beau livre qui parle aussi de cette vérité-là, un livre où s'entremêlent les images d'un moine et les mots d'une poétesse[1]. À la

1. Marie Noël, *Rien qu'une vie* (photographies d'Oswald Kettenberger), Mame, 1988.

page 45, le père Oswald Kettenberger présente une vieille fontaine de village. Splendide. L'eau y coule en deux petits jets continus.

En face, ces quelques lignes de Marie Noël : « Il me semble qu'une vérité est d'autant plus vraie qu'elle est plus vivante, qu'elle bouge, évolue, porte à chaque saison des fruits nouveaux ; qu'elle est d'autant plus divine qu'elle nous fuit sous une apparence pour réapparaître un peu plus loin sous un autre rayon, d'autant plus éternelle qu'elle reste à jamais inachevée en nous, finis, et change à nos yeux avec l'heure du jour, l'âge de l'homme, le pas des siècles. »

Chandelle vacillante

Un peu plus loin, Marie Noël parle explicitement de Pentecôte et de ce curieux « Défenseur », l'avocat Silence :

« Soudain la lumière brise les portes, la corde d'angoisse se rompt, les pieds se délient, le vent souffle Dieu au visage, l'Amour soulève la terre, la Joie renverse tout ! Alors les pensées en déroute s'éclairent, se reconnaissent, se réconcilient, s'accordent, s'illuminent... se taisent. Le Silence sait tout. Le Silence dit tout.

Et de l'âme, hier désolée, part le chant d'un bonheur immense. »

Attachante Marie Noël, tellement proche de tous ces personnages de l'actualité, tellement proche de chacune et de chacun de nous lorsqu'elle raconte dans ses *Notes intimes* la Pentecôte de sa naissance :

« Quand Dieu a soufflé sur ma boue pour y faire prendre mon âme, Il a dû souffler trop fort. Je ne me suis jamais remise de ce souffle de Dieu. Je n'ai jamais cessé de trembler comme une chandelle vacillante entre deux mondes. »

FINALE

La grâce de l'actualité

« La grâce de Dieu s'est manifestée. »
Tite 2, 11

De quelle couleur est la grâce ?

« La grâce est blanche, me répond Jean-Claude Renard, le jugement rouge, la miséricorde verte [1]. »

Est-ce si sûr ?

La veuve d'un artiste peintre écrivait dans sa nécrologie : « La mort est blanche. »

La grâce et la mort auraient-elles donc la même couleur ?

Mais la naissance alors ? N'offre-t-elle pas, elle aussi, la couleur blanche des commencements ? Comme la neige et comme les anges ?

Le peuple qui marchait dans les ténèbres a vu se lever une grande lumière blanche...

---

1. Jean-Claude Renard, *Sous de grands vents obscurs*, Seuil, 1990, p. 122.

Mais il y a du sang sur la neige.
Regardez l'actualité.
Le bâton meurtrit les épaules.
Les chaussures des soldats piétinent bruyamment le sol.
La grâce est éclaboussée, le jugement bafoué, la miséricorde humiliée.

Rouge est l'actualité.
Rouge de faim.
Rouge de feu.
Rouge de guerre.
Rouge d'exclusion.
Mais rouge d'accouchement aussi, et rouge de grâce.

Vous voudriez bien me croire...

Vous dites que la grâce n'est pas toujours aussi belle, que des peuples marchent encore dans les ténèbres, que ce soir, demain, le feu n'aura pas dévoré toutes les chaussures des soldats (Isaïe 9, 14), et que les anges, souvent, se retirent de nos campagnes sur la pointe des pieds !

Mais je regarde aussi, au plus rouge de l'actualité, cette jeune Rwandaise qui cherche son enfant à travers les camps. Elle a déjà soulevé des centaines de couvertures, contemplé des milliers de visages, lorsqu'un jour – miracle – elle reconnaît sa fille. Et j'entends la journaliste terminer sa séquence par ces mots : « une mère retrouve son enfant et c'est la grâce qui revient ».

Quant aux anges, c'est comme la grâce, et Jean-Claude Renard me rassure : ils « ne nous quittent que si nous les quittons, mais restent sur le seuil [1] ».

L'ange de la piscine

Sur le seuil de la piscine par exemple...

C'est qu'en effet, à Jérusalem, près de la porte des brebis, se trouvait une piscine appelée en hébreu Bethzatha : la maison de l'huile. Peut-être s'agissait-il d'un établissement thermal ? Certains manuscrits jouant sur les mots écrivent plutôt « Bethesda » : la maison de bonté.

Une chose est sûre : des tas de gens se tenaient là, malades, aveugles, boiteux, paralysés, qui attendaient que l'eau entre en mouvement. Et de fait, à certains moments, un ange du Seigneur descendait dans la piscine ; alors, l'eau s'agitait et le premier qui y entrait après le bouillonnement était guéri, quelle que fût sa maladie. (Jean 5, 2-4)

Vous imaginez ça d'ici, les bagarres pour entrer dans l'eau, comme un jour ces terribles images du journal télévisé où des hommes et des femmes se battaient pour un morceau de pain.

---

1. Jean-Claude Renard, *Ce puits que rien n'épuise*, Seuil, 1993, p. 65.

Je regarde la piscine de l'actualité. Des tas de gens se tiennent là, malades, aveugles, boiteux, paralysés, qui attendent que l'eau entre en mouvement.

J'ouvre le journal. « Le journal, c'est une lecture noire, épaisse, immobile, me dit Bobin. La Bible, c'est une lecture blanche, lumineuse, ruisselante. Dans le journal vous lisez tout puisque rien n'est essentiel (...). Dans la Bible vous ne lisez qu'une phrase et c'est comme une goutte d'alcool pur, comme une larme des anges[1]. »

Je pousse le bouton de la TV. Une journaliste au Burundi. Au moment des massacres, elle interviewe une vieille femme éteinte, terrorisée. La femme ne regarde pas la caméra, ni la journaliste. Elle fixe une bouteille d'eau. Quelqu'un la lui tend. En un éclair ses yeux brûlent, son visage s'illumine. Une image extraordinaire pour une gorgée d'eau. Ce soir-là, j'ai vu la transfiguration à la télévision. Et je me suis dit, une seconde, que l'actualité était « blanche, lumineuse, ruisselante... comme une goutte d'alcool pur, comme une larme des anges ».

L'ange du Seigneur descend encore dans la piscine...

Mais dans nos piscines à nous ? Je veux dire nos piscines « privées », nos piscines intérieures ? Voyons-nous encore l'eau s'agiter de temps en temps ?

---

1. Christian Bobin, *Une petite robe de fête*, Gallimard, 1992, p. 84.

Si nous ne voyons pas l'ange descendre dans l'eau, nous ne guérirons pas.

Si nous ne voyons pas l'ange descendre dans l'actualité, le miracle ne se produira pas.

Si nous ne voyons pas l'ange descendre dans l'Évangile, la Bonne Nouvelle ne passera pas.

Mais peut-être nous sentons-nous comme l'infirme qui attend depuis trente-huit ans... ?

« Désires-tu devenir bien portant ? lui demande Jésus.

— Seigneur, je n'ai personne pour me jeter dans la piscine quand l'eau s'agite. Le temps que j'y arrive, un autre y descend avant moi. »

Jésus lui dit :

« Mets-toi debout ! Prends ta paillasse ! Marche ! »

Je prends ma paillasse et me voilà en plein bouillonnement médiatique. Je fais du stop au bord du journal. Un ange passe. L'ange de la piscine. Il me hisse sur son dos et je me surprends à traverser l'actualité « porté par plus léger que moi ».

Le fait divers de Christine

L'ange de la piscine fréquenterait-il aussi les couvents ?

Je reçois un jour un coup de fil d'un journaliste de radio à propos d'une émission très écoutée à l'époque : « Faits divers ». Une émission qui accorde grande importance au son, à la voix, à l'ambiance, et qui approche le quotidien même le plus ordinaire avec un respect et une tendresse particulière. « Nous voudrions vous avoir sur notre antenne pour commenter un fait divers qui se termine bien... Souvent, ajoute le journaliste, il suffit d'un rien pour que tout bascule dans le noir. Ici, tout bascule dans la lumière ! »

J'apprends qu'une jeune femme de vingt-six ans, brillante avocate, joviale, courtisée, quitte le barreau pour entrer à la Trappe : Christine E. Je pense à « Christine V. », la maman du petit Grégory, et à l'exclamation de Marguerite Duras : « Sublime, forcément sublime ! »

Ici, pas de feuilleton. Pas de sublimation. Juste un peu d'étonnement ou d'incompréhension, comme chez ce jeune confrère qui explique, vers le milieu du reportage : « Je déteste la vie végétative. La vie est trop belle. Elle est trop courte. Je ne peux pas imaginer qu'elle ne regrette rien. Toujours le même coucher de soleil ! Toujours la même vue de la fenêtre de sa chambre ! C'est pas ça la vie. Et surtout pas à son âge... »

Alors, c'est quoi, la vie ?

Je pense au poète-photographe Daniel Pons que m'a fait découvrir Jean Mouttapa, éveilleur de vie hors du commun, chercheur d'invisible au cœur du visible. Grand traverseur d'océan intérieur, obsédé par la « profondeur de champ » et qui parlait souvent de « travailler » la relation à l'autre comme un artiste travaille son œuvre.

Je crois que les moines et les moniales sont des artistes de la profondeur de champ, des sculpteurs d'intériorité qui travaillent toute leur vie la relation à l'autre, et à l'Autre. Voilà leur chef-d'œuvre en ce monde. Funambules de la foi, leur vie risquée, aventureuse, peut basculer à tout moment. Une abbaye regorge de faits divers... La piscine n'y est pas aussi calme qu'on l'imagine et la vue change souvent. C'est même bien cela, contempler : voir le même coucher de soleil... toujours différent.

Sachant que j'allais intervenir dans l'émission, j'ai téléphoné à Christine, question de faire un brin connaissance. Comment le vit-elle, « son » fait divers ?

« Pour le voisin, me dit-elle, un chien écrasé, c'est peut-être un événement banal, mais pour celui qui a perdu son chien... »

Étonnée, Christine, la super-active, de cet événement mûri et inattendu qu'elle accueille sereinement, les pieds bien sur terre : « J'ai toujours cherché, passionnément, dans ma profession d'abord. Dans la vie contemplative aussi, je suis en recherche, et j'espère que je chercherai jusqu'au bout. C'est ça la vie, non ? »

Au moment de raccrocher, elle me glisse dans l'oreille, avec un grand éclat de rire : « Il faut vivre dangereusement. Et je vous assure qu'ici, on est servi ! »

Sublime, forcément sublime...

La petite vieille au miroir

Sublime, oui.

Comme peut l'être un fait divers. Comme peut l'être une parabole.

Comme l'est certainement l'histoire de la petite vieille au miroir...

Dans son splendide roman, *Immensités*, Sylvie Germain évoque le visage inoubliable de cette femme pauvre qui voudrait tant récupérer un miroir brisé au fond d'une poubelle. Il fait très froid, ce jour-là.

Prokop, le professeur-balayeur, héros du roman et témoin de la scène, va repêcher l'objet tant convoité et le lui donner.

« Il regardait la vieille femme plongée dans la contemplation du miroir. Il regardait la buée se déposer à vive allure, puis le reflet réapparaître, sitôt la buée effacée, et de nouveau le reflet s'embrumer. Et il lui semblait que le reflet se faisait de plus en plus diaphane et qu'au fur et à mesure le visage de la vieille femme lui aussi s'épurait. Non que ce visage perdît ses rides et ses verrues, non qu'il se mît à rajeunir – c'était toujours un visage de vieillarde insoucieuse de sa misérable apparence, mais il se transfigurait. Une lueur montait en lui, éclairait sa face de l'intérieur. Et la vieille femme devenait transparente [1]. »

1. Sylvie Germain, *Immensités*, Gallimard, 1993, p. 85.

Les béatitudes ne nous rajeunissent pas.

Lorsqu'il nous rejoint dans la plaine, Jésus ne vient pas effacer nos rides et nos verrues, ni éteindre nos doutes.

Mais il arrive qu'à certains moments de dessaisissement – de grâce si vous préférez – une lueur monte en nous, qui nous éclaire de l'intérieur.

Cette grâce, quelquefois, elle habite aussi l'actualité.

Rappelez-vous l'apparition – je ne vois pas d'autre mot ! – d'Emmanuelle Laborit à *Bouillon de culture* chez Bernard Pivot.

Lorsque cette jeune femme, sourde et muette, a pris la parole, tout parlait en elle.

J'ai entendu son cri, *Le Cri de la mouette*, j'ai vu son geste, son beau geste de communication, et j'ai compris que le silence était possible à la télévision.

Un autre cri, un soir, a déchiré l'écran.

Ça se passait à Thorigné-sur-Dué, dans la Sarthe.

Un frère venait de tuer son frère et presque toute la famille.

Les télévisions sont là, devant la maison de l'assassin.

Il fait presque nuit.

Quelques personnages quittent précipitamment les voitures en se camouflant le visage lorsqu'un jeune garçon, soudain, se retourne et fait face :

« Non ! Non !...

On est une famille déchirée.

Ne revenez pas demain.
Je vous en supplie. »
Quelle force, quelle grâce accompagnaient cet adolescent qui osait crier sa souffrance, seul, devant les caméras.

Heureux ceux qui hurlent.

Heureux les ouverts, les blessés, les brisés de l'actualité.
Tous les sans-nom des faits divers...
lorsqu'ils restent debout, au cœur de la tempête.

Ils sont comme le bruant-des-neiges.
Le plus léger de tous les oiseaux.
« Le bruant des neiges est la plus faible de toutes les idées de Dieu, dit un romancier finlandais.
Il pèse à peu près autant qu'un timbre-poste.
Mais quand il dresse sa tête fragile contre l'orage (...) serrant ses ailes sur ses flancs, la queue pointée en l'air, le vent se divise et la tempête n'a pas prise sur lui[1]. »

Béatitudes

Cette grâce-là,
la grâce de la résistance,

---

1. Halldor Laxness, *Ua ou Chrétiens du glacier*, Actes Sud, 1988.

cette grâce enfouie dans l'écorchure de l'actualité, il me semble l'avoir découverte encore chez Valentine, dans *Rouge*, le dernier film de Krzysztof Kieslowski.

Quel beau film, *Rouge* !

Sur le commencement. Sur la naissance. Sur la possibilité du bonheur.

Comment renaître quand on est déjà vieux ?

Vieille question du vieux juge Nicodème pour lequel Jésus avait une tendresse particulière.

Valentine aussi vint de nuit chez le vieux juge... avec un chien blessé dans les bras.

Et le commencement commence.

Que c'est beau, un homme qui monte en son humanité.

Que c'est beau une femme qui accouche du bonheur dans la salissure du monde.

De la grâce d'Irène Jacob à la transfiguration de Jean-Louis Trintignant, j'ai senti que *Rouge* nous conduisait au cœur des béatitudes.

Même si votre cœur à vous n'est pas à la béatitude, humilié, peut-être, par l'absence de travail, épuisé par le rythme insensé de la vie professionnelle, défiguré par un deuil ou par une maladie, laissez-moi vous dire, je le crois, que la grâce peut encore vous visiter, que Valentine peut sonner à la porte et vous ramener le chien perdu qu'elle a renversé sur la route...

L'homme fragile est immense, qui se laisse conduire par une petite fille.

Un jour, nous avons été cette petite fille-là.
Et nous sommes appelés à redevenir cet enfant.

Avec l'ange de la piscine, je vous invite à la prendre par la main, à rejoindre les nouvelles du monde, à laisser, lentement, les visages de l'actualité pénétrer en vous, et à relire, en même temps le texte des béatitudes.

Vous verrez.
Vous verrez que l'amaryllis pousse parfois près des barbelés, et qu'une lumière peut encore surgir au milieu des épines.
Vous verrez surtout que vous n'êtes pas seuls.
Que vous appartenez à un peuple.
Oh ! c'est un petit peuple. Un peuple de l'ombre. Le peuple de ceux qui savent qu'ils sont de passage, que seul le provisoire est vrai, que seul le fragile est éternel.

Heureux, les hommes et les femmes de ce peuple-là.
Oui.
Heureux, vous les résistants,
vous les artistes et vous les acrobates,
vous pour qui la foi ne tient qu'à un fil .
Vous encouragez notre traversée.
Heureux, vous les amoureux de la Saint-Valentin !
les allumeurs de réverbères,
les ramasseurs de coquillages,
vous les tendres,

vous les doux,
vous les têtus de la douceur :
Vous faites reculer l'intégrisme.

Heureux, vous les transparents.
Pas les tout propres.
Pas les tout blancs.
Pas les moralisants.
Pas les interdisants.
Les brûlants.
Les désirants.
Avec vous, la passion a encore un avenir.

Mais que je suis triste pour vous, les desséchés, les clôturés, les amidonnés, les faux inspirés, les voleurs d'intériorité.

Votre obsession de la pureté vous empêche d'accueillir le bonheur qui vient.

Le bonheur des béatitudes n'est pas un bonheur facile, je sais.

Il a le goût de la fragilité.

Mais ce bonheur-là, essayez donc de le planter près de chez vous.

Vous avez bien un peu d'eau dans les environs. Un coin de terre. Une petite cour intérieure. Ou une poubelle.

Le bonheur... c'est parfois d'aller rechercher un miroir au fond d'une poubelle et, même si ce miroir est brisé, de s'y regarder, tendrement.

TABLE DES ÉVANGILES COMMENTÉS

TABLE DES DIMANCHES LITURGIQUES

Temps de Pâques

Temps ordinaire

Autres célébrations

Table

Merci à Nicole Cleuren, Germaine Sagot, Ghislain Carlier, Michel Taverne et Patrick Tyteca pour leurs suggestions et leur relecture attentive du manuscrit.

DU MÊME AUTEUR

Le Mythe au milieu du village. Comprendre et analyser la presse locale, Bruxelles, Vie ouvrière, 1981.

Dieu et les journalistes (sous la direction de), Paris, Desclée, 1982.

La Puce et les lions. Le journalisme littéraire (avec Lucien Guissard), Paris, Éditions universitaires et Bruxelles, De Boeck, 1988.

Le Guide des médias (sous la direction de), encyclopédie en 4 tomes, Bruxelles, Kluwer, 1989-1996.

Ces chers disparus. Essai sur les annonces nécrologiques dans la presse francophone, Paris, Albin Michel, 1992 ; nouvelle édition en poche, préface de Jean-Claude Bologne, Bruxelles, Labor, 2002.

Écrire au quotidien. Pratiques du journalisme (avec F. Antoine, J.-F. Dumont, B. Grevisse et Ph. Marion), Bruxelles, Vie ouvrière et Lyon, Chronique sociale, 1995.

Dialogue et liberté dans l'Église (avec Jacques Gaillot), Paris, Desclée de Brouwer et Liège, L'Appel, 1995.

Un peu de mort sur le visage. La traversée d'une femme, Paris, Desclée de Brouwer, coll. « Littérature ouverte », 1997.

La Presse écrite en Belgique (avec J.-F. Dumont et B. Grevisse), Bruxelles, Kluwer, 1998.

L'Évangile d'un libre penseur. Dieu serait-il laïque ?, Paris, Albin Michel, 1998 ; édition en poche, Albin Michel, coll. « Espaces libres », 2002.

La Résistance intérieure, Bruxelles, RTBF Liège et Alice Éditions, coll. « L'Intégrale des entretiens de "Noms de dieux" » d'Edmond Blattchen, 1998.

Une aventure universitaire (sous la direction de), Bruxelles, Université catholique de Louvain et Éditions Racine, 2000.

Ma part de gravité. Un itinéraire entre Évangile et actualité, Paris, Albin Michel, 2002.

Chemins de spiritualité. Jeunes en quête de sens (avec L. Albarello, A. Beauduin, G. Haarscher *et al.*), Paris, Desclée de Brouwer et Bruxelles, Éditions Racine, 2003.

Prières glanées (ill. de J. Aubelle), Bruxelles, Fidélité, 2003.

« *Espaces libres* »

au format de poche

DERNIERS TITRES PARUS

100. *Le Cercle sacré. Mémoires d'un homme-médecine sioux*, d'A. Fire Lame Deer.
101. *Être à deux ou les traversées du couple*, collectif dirigé par N. Calmé.
102. *La Source du bonheur*, de C. Boiron.
103. *Une passion*, de C. Singer.
104. *Cent prières possibles*, d'A. Dumas. Préface d'O. Abel.
105. *L'Art de vivre au présent*, collectif dirigé par É. Le Nouvel.
106. *Manque et plénitude*, de J.-Y. Leloup.
107. *Le Cercle de vie. Initiation chamanique d'une psychothérapeute*, de M. Séjournant.
108. *Le Théâtre de la guérison*, d'A. Jodorowsky.
109. *Histoire d'âme*, de C. Singer.
110. *L'Âme de la nature*, de R. Sheldrake.
111. *Au nom de la vérité, Algérie 1954-1962*, de Mgr L.-É. Duval.
112. *L'Art du kôan zen*, de T. Jyoji (inédit).
113. *L'Absurde et la Grâce*, de J.-Y. Leloup.
114. *Le Palais des arcs-en-ciel*, de T. Tcheudrak.
115. *Éloge du bon sens*, de M. de Smedt.
116. *En chemin vers le Bouddha*, d'O. Germain-Thomas.
117. *Pour comprendre l'intégrisme islamiste*, de M. Gozlan.
118. *Le Rêve de Confucius*, de J. Lévi.
119. *Un art de l'attention*, de J.-Y. Leloup.
120. *Religions en dialogue*, de J. Mouttapa.
121. *Le Courage de se libérer*, de P. et P. Fenner.
122. *Histoire des dalaï-lamas*, de R. Barraux.
123. *Du Sahara aux Cévennes*, de P. Rabhi.
124. *Aux sources du zen*, d'A. Low.
125. *Le Curé de Nazareth*, d'H. Prolongeau.
126. *L'Évangile d'un libre penseur*, de G. Ringlet.
127. *Le Courage de vivre pour mourir*, de N. Masson-Sékiné.
128. *Quand la conscience s'éveille*, d'A. de Mello.
129. *Les Fables d'Ésope*, de J. Lacarrière.

130. *L'Esprit des arts martiaux*, d'A. COGNARD.
131. *Sans les animaux le monde ne serait pas humain*, de K. L. MATIGNON.
132. *L'Arc et la Flèche*, d'A. DE SOUZENELLE.
133. *Adieu, Babylone*, de N. KATTAN. Préface de M. TOURNIER.
134. *Le Gardien du feu*, de P. RABHI.
135. *La Prière parallèle*, de C. PAYSAN.
136. *Dieu a changé d'adresse*, d'O. VALLET.
137. *La Danse de la réalité*, d'A. JODOROWSKY.
138. *Le Courage de changer sa vie*, d'A. DUCROCQ.
139. *Le Maître de nô*, d'A. GODEL.
140. *Les Fleurs de soleil*, de S. WIESENTHAL.
141. *Khalil Gibran*, de J.-P. DAHDAH.
142. *Ces ondes qui tuent, ces ondes qui soignent*, de J.-P. LENTIN.
143. *Les Dix Commandements intérieurs*, d'Y. AMAR.
144. *Guérir l'esprit*, collectif avec J.-Y. LELOUP, F. SKALI, Lama D. TEUNDROUP.
145. *La Quête du sens*, ouvrage collectif.
146. *La Foi ou la nostalgie de l'admirable*, de B. VERGELY.
147. *Traversée en solitaire*, de M.-M. DAVY.
148. *Éloge de la fragilité*, de G. RINGLET.

Composition : Nord Compo
Impression : Bussière, octobre 2004
Éditions Albin Michel
22, rue Huyghens, 75014 Paris
www.albin-michel.fr

ISBN 2-226-15440-X
ISSN 1147-3762
N° d'édition : 22817 – N° d'impression : 044283/1.
Dépôt légal : novembre 2004.
Imprimé en France.